(IM)PENHORABILIDADES

Catalogação na Fonte
Elaborado por: Josefina A. S. Guedes
Bibliotecária CRB 9/870

I343i
2024

(Im)penhorabilidades / Robson Ivan Stival (org.). – 1. ed. – Curitiba: Appris, 2024.
195 p. ; 23 cm. – (Direito e constituição).

Inclui referências.
ISBN 978-65-250-5919-8

1. Processo civil. 2. Inalienabilidade de bens. 3. Penhora (Direito). I. Stival, Robson Ivan. II. Título. III. Série.

CDD – 346

Livro de acordo com a normalização técnica da ABNT

Editora e Livraria Appris Ltda.
Av. Manoel Ribas, 2265 – Mercês
Curitiba/PR – CEP: 80810-002
Tel. (41) 3156 - 4731
www.editoraappris.com.br

Printed in Brazil
Impresso no Brasil

Robson Ivan Stival (org.)

(IM)PENHORABILIDADES

Appris editora

FICHA TÉCNICA

EDITORIAL: Augusto Coelho
Sara C. de Andrade Coelho

COMITÊ EDITORIAL: Marli Caetano
Andréa Barbosa Gouveia - UFPR
Edmeire C. Pereira - UFPR
Iraneide da Silva - UFC
Jacques de Lima Ferreira - UP

SUPERVISOR DA PRODUÇÃO: Renata Cristina Lopes Miccelli

PRODUÇÃO EDITORIAL: Miriam Gomes

REVISÃO: Monalisa Morais Gobetti

DIAGRAMAÇÃO: Renata Cristina Lopes Miccelli

CAPA: Kananda Ferreira

REVISÃO DE PROVA: Jibril Keddeh

COMITÊ CIENTÍFICO DA COLEÇÃO DIREITO E CONSTITUIÇÃO

AGRADECIMENTOS

Nossos agradecimentos à Escola de Direito da Pontifícia Universidade Católica do Paraná (PUCPR), que nos oportunizou as pesquisas cujos resultados deram origem a este livro, realizadas em projetos de iniciação científica (Pibic) ou em trabalhos de conclusão de curso, sob a orientação do professor organizador desta obra.

SUMÁRIO

INTRODUÇÃO

Robson Ivan Stival

O direito processual civil é ramo do direito público, pois corresponde ao conjunto de normas e princípios voltados à atuação do Estado-juiz no exercício da função jurisdicional, ou seja, na solução de conflitos cíveis entre os indivíduos da sociedade (pacificação social).

Há algumas tutelas jurisdicionais que são satisfativas, cujas sentenças por si só materializam o direito ou o bem da vida buscado por meio da ação ou processo (ações declaratórias puras, constitutivas, desconstitutivas etc.), e outras não satisfativas, que necessitam de efetivação (ações condenatórias e quaisquer outras que exijam conduta da parte contrária de pagar quantia certa ou prestar obrigações de entregar coisa, fazer ou de não fazer).

É por meio da tutela executiva que o Estado-juiz concretiza ou materializa o direito reconhecido por uma decisão judicial (dentre outros títulos executivos judiciais elencados no artigo 515 do Código de Processo Civil – CPC) ou por documentos entabulados pelas partes, dotados de privilégios legais (títulos executivos extrajudiciais – CPC, artigo 784).

De nada adianta para a parte o reconhecimento de um direito em um título executivo, mas sem que tal direito seja realizado materialmente. Por exemplo, não haveria nenhuma utilidade para a parte receber uma sentença reconhecendo uma indenização, ou ser titular de um documento representativo de um crédito, sem receber efetivamente da parte contrária a quantia devida.

Para tanto, a tutela executiva é dotada de meios concretos e coercitivos para fazer com que o responsável cumpra a obrigação, contra a sua vontade.

> A Jurisdição é função do Estado, serviço público prestado pelo Poder Judiciário. É o que se pode extrair da Constituição Federal, que, em seu art. 5º, XXXV, estabelece que a lei não excluirá da apreciação do Poder Judiciário lesão ou ameaça a direito. Falar-se em Jurisdição estatal destituída de instrumentos que permitam realizar materialmente o Direito, através de atos executivos, implicaria reduzir significativamente sua importância e razão de ser, especialmente se se considerar que, na sociedade moderna, cada vez maior tem sido a preocupação com a concretização dos direitos.

> De outro lado, espera-se, com a tutela jurisdicional, a realização de atividade condizente com o direito material ameaçado ou violado, não mais se admitindo que o direito se considere realmente tutelado com a mera declaração de que houve violação ou há ameaça (MEDINA, 2013, p. 27).

Surge a tutela executiva para o cumprimento das obrigações que exigem uma conduta prática do devedor, consistentes no pagamento de quantia, prestação de obrigação de fazer ou de não fazer e entrega de coisa (certa ou incerta).

Nas obrigações de tais naturezas, a tutela executiva é fundamental, para forçar o executado a realizar ou concretizar o direito de titularidade do exequente, inclusive no tocante ao cumprimento das tutelas provisórias de urgência (antecipadas satisfativas e cautelares).

> Portanto, a execução, no Estado constitucional, não pode ser reduzida a um ato de transferência de riquezas de um patrimônio a outro, devendo ser vista como a forma ou o ato que, praticado sob a luz da jurisdição, é imprescindível para a realização concreta da tutela jurisdicional do direito, e assim para a própria tutela prometida pela Constituição e pelo direito material (MARINONI; ARENHART, 2012, p. 70).

A realização material do direito não é somente do interesse do credor da obrigação, mas também do Estado em fazer com que as decisões do Poder Judiciário sejam cumpridas e que a jurisdição cumpra sua função social de pacificação dos conflitos de seus jurisdicionados.

Por isso, há um conjunto de meios coercitivos típicos que podem ser requeridos pelo exequente e estão à disposição do juiz, para forçar o executado a realizar a conduta prática exigida. Exemplificativamente, nas execuções envolvendo obrigações de fazer ou de não fazer e de entrega de coisa, o juiz pode fixar multas diárias (astreites), determinar a busca e apreensão, a remoção de pessoas ou coisas, o desfazimento de obras etc. Nas execuções envolvendo o pagamento de quantia, o devedor poderá ficar sujeito ao pagamento de multa, em caso de inadimplemento, além de poder sofrer sanções — cíveis e penais — referentes à prática de atos tidos por atentatórios à dignidade da justiça, como fraude à execução; oposição maliciosa à execução, mediante emprego de ardis e meios artificiosos; resistência injustificada às ordens judiciais; e ocultação de bens (CPC, artigo 774). A propósito, não se adentrará nas hipóteses de aplicação de medidas atípicas pelo juiz, com amparo no artigo 139, IV do CPC, pois a discussão acerca da possibilidade ou não de penhora envolve uma medida típica pertinente ao descumprimento da obrigação de pagar.

As obrigações de fazer ou de não fazer, e as de entrega de coisa (certa ou incerta), são chamadas de obrigações específicas, eis que direcionadas a determinados objetos (um fazer ou não fazer, ou uma coisa), ao passo que a obrigação de pagamento de quantia é conhecida como obrigação genérica, porque objetiva o recebimento de numerário. É oportuno registrar que as obrigações específicas podem ser convertidas em genéricas, se assim o credor preferir ou havendo a impossibilidade do cumprimento das mesmas de maneira específica (o credor receberá o equivalente em dinheiro).

De um modo geral, para que alguém possa invocar a tutela executiva, é necessário dispor de um título (judicial ou extrajudicial).

> O título, isso sim, afasta a necessidade de qualquer investigação, no bojo da execução, acerca da existência do direito. É, então, ato jurídico estabelecido pela lei como apto a ensejar a execução e dispensar discussão sobre a existência do crédito. Título executivo consiste em cada um daqueles específicos atos, representados em documentos e taxativamente previstos em lei, dos quais automaticamente decorre a execução. É ato, retratado documentalmente, necessário e suficiente para ensejar atuação executiva, sem nova ou prévia investigação do mérito (WAMBIER; TALAMINI, 2012, p. 66).

Além de envolver obrigações que necessitem de uma conduta prática do executado (pagamento de quantia, fazer ou não fazer e entrega de coisa) e também a existência de um título, a tutela executiva também exige que as obrigações sejam líquidas, certas e exigíveis (CPC, artigo 786). A liquidez decorre da indicação do valor, nas obrigações de pagamento de quantia, ou da individualização do objeto da obrigação, nas obrigações de fazer, não fazer ou entrega de coisa; a certeza resulta da indicação, no título, dos sujeitos ativo e passivo da obrigação (credor e devedor), bem como da natureza da obrigação; por sua vez, a exigibilidade decorre do fato de a obrigação não estar sujeita a termo ou à condição (eventos futuros).

A enumeração dos títulos passíveis de execução é feita pela lei de maneira taxativa ou exaustiva. Só são títulos executivos aqueles indicados expressamente por lei. São títulos executivos judiciais aqueles contidos no rol do artigo 515 e extrajudiciais os do artigo 784, ambos do CPC, além de leis esparsas.

A definição de ser título executivo judicial ou extrajudicial define o rito processual, sendo certo que a execução daquele — também chamada de cumprimento de sentença — ocorre como uma fase do processo de conhecimento, ao passo que a execução deste envolve um processo executivo autônomo.

Em linhas gerais, na execução de título judicial, as matérias alegáveis em defesa pelo executado são mais limitadas, restringindo-se aos fatos ocorridos após a sentença, salvo a nulidade da citação do processo de conhecimento (CPC, art. 525, §1º - impugnação ao cumprimento de sentença), pois o executado já se manifestou e se defendeu no processo de conhecimento. Na execução de título extrajudicial, o executado dispõe de um leque maior de matérias de defesa (artigo 917), porquanto ainda não houve o contraditório.

Para os efeitos do presente livro, merecem destaque as obrigações genéricas, ou seja, aquelas que envolvem uma conduta prática do executado no sentido do pagamento de quantia, sejam de forma originária ou mediante conversão das obrigações específicas.

Na execução de uma obrigação genérica, impera o princípio da patrimonialidade, disposto no artigo 789 do CPC, segundo o qual "o devedor responde com todos os seus bens presentes e futuros para o cumprimento de suas obrigações, salvo as restrições estabelecidas em lei" (a única exceção a esse princípio decorre da possibilidade de prisão civil do executado que inadimplir prestação alimentícia). Trata-se da responsabilidade patrimonial do devedor (há casos em que terceiros também podem sofrer intervenção em seu patrimônio, na execução — responsabilidade executória secundária).

É o ato executivo da penhora que vincula ou atrela o patrimônio do executado, ou de terceiro, à execução. Consoante o disposto no artigo 831 do CPC, "a penhora deverá recair em tantos bens quantos bastem para o pagamento do principal atualizado, dos juros, das custas e dos honorários advocatícios".

Podem ser objetos de penhora todos os bens ou direitos que tenham expressão econômica ou valor de mercado. O bem abrangido pela constrição judicial será alienado judicialmente, cujo resultado será revertido ao credor (CPC, artigo 824).

A penhora estabelece o direito de preferência sobre os bens penhorados (CPC, artigo 797).

> A penhora, uma das muitas medidas constritivas, é o ato específico da intromissão do Estado em esfera jurídica do executando quando a execução precisa da expropriação de eficácia do poder de dispor. Tudo que então se passa, entre juiz, oficial de justiça e devedor, é mandamental, mas a serviço da execução. Há angularidade da relação jurídica processual (MIRANDA, 2002, p. 123).

A tutela executiva envolve dois polos bem distintos: um credor desejando o recebimento efetivo de sua prestação, de maneira integral e célere, e um devedor que se recusa ao cumprimento da obrigação. Dentre outros, nela imperam, em prol do credor, os princípios da efetividade e da celeridade, e em favor do devedor os princípios do meio menos gravoso (CPC, artigo 805) e da dignidade da pessoa humana.

> A penhora visa dar início, ou preparação, à transmissão forçada de bens do devedor, para apurar a quantia necessária ao pagamento do credor. Pressupõe, destarte, a responsabilidade patrimonial e a transmissibilidade dos bens. É o patrimônio do devedor (ou de alguém que tenha assumido responsabilidade pelo pagamento da dívida) que deve ser atingido pela penhora, nunca o de terceiros estranhos à obrigação ou à responsabilidade.
>
> Além do mais, só os bens alienáveis podem ser transmitidos e, consequentemente, penhorados. Nosso Código de Processo Civil é, aliás, expresso em dispor que "não estão sujeitos à execução os bens que a lei considera impenhoráveis ou inalienáveis" (NCPC, art. 832). A regra, portanto, é que a penhora deve atingir os bens negociáveis, ou seja, os que se podem normalmente alienar e converter no respectivo valor econômico.
>
> Não obstante essa regra de que são penhoráveis os bens alienáveis ou negociáveis do devedor, o certo é que, por razões de outra ordem que não apenas a econômica, há, na lei que regula a execução por quantia certa, a enumeração de bens que, mesmo sendo disponíveis por sua natureza, não se consideram, entretanto, passíveis de penhora, muito embora, ordinariamente, o devedor tenha o poder de aliená-los livremente e de, por iniciativa própria, convertê-los em numerário, quando bem lhe aprouver (THEODORO JÚNIOR, 2015, p. 453).

O juiz deve atuar respeitando todos esses interesses e princípios, buscando o equilíbrio entre as situações das partes, evitando eventuais abusos tanto do credor quanto do devedor.

> No curso do procedimento executivo, o órgão jurisdicional poderá deparar com situações de conflitos de valores: de um lado, a preocupação em não se impor sacrifícios excessivos ao devedor; de outro, a exigência de que se satisfaça de maneira rápida e completa o direito do credor. O que deverá prevalecer?
>
> A aplicação dos princípios jurídicos – diferentemente do que se dá com outras normas jurídicas – sempre envolve prévio juízo de valor. Diante de situação para a qual se ponham dois princípios igualmente relevantes – como é o caso -, caberá balancear os fatores concretamente envolvidos: aquele que prevalecer haverá de sacrificar o outro apenas na medida estritamente necessária para a consecução das suas finalidades (princípio da proporcionalidade) (WAMBIER; TALAMINI, 2012, p. 176-177).

As "restrições estabelecidas em lei" (CPC, artigo 789, parte final) dizem respeito aos casos de impenhorabilidade de alguns bens, que não podem ser atingidos pela execução. Os artigos 833 e 834 do CPC elencam situações de impenhorabilidade (absoluta ou relativa), e a Lei nº 8.009/1990 versa sobre o bem de família, também impenhorável (há exceções contidas no artigo 3º do referido Codex).

O artigo 5º da Lei nº 8.009/1990 define como bem de família o único imóvel utilizado pelo casal ou pela entidade familiar, para moradia permanente.

> Dizer da importância do mesmo é desnecessário, pois tudo que vem ao encontro da proteção da família, em última análise, dá fundamento à própria estrutura do Estado, que vive sob a condição de que seja estável o órgão familiar, com direção profícua, sólida proteção e cuidados especiais.
>
> Toda vez que se desgastou a instituição da família, mostra-nos a História, desmoronaram-se os Impérios, perderam sua base, seu sustentáculo.
>
> O bem de família representa um meio de assegurar essa mais cara instituição, quanto ao mínimo necessário, quanto ao

> mínimo suficiente à sua existência, equilibrando os interesses particulares com os coletivos.
>
> O bem de família é, assim, no Código Civil, um imóvel urbano ou rural, que serve à proteção da família, como domicílio seu, inalienável e impenhorável, sob certas circunstâncias (AZEVEDO, 2010, p. 1 e 81).

O bem de família somente poderá ser penhorado para o pagamento de impostos incidentes sobre ele (Lei 8.009/90, art. 3º, IV) e para cobrir as despesas de condomínio (obrigação propter rem, de importância vital, porque envolve a conservação da própria coisa).

A partir da fundamentação teórica supra, muitas discussões doutrinárias e polêmicas surgem na prática em tutela executiva, gerando infindáveis discussões judiciais, principalmente no que tange aos bens que podem ou não ser vinculados à execução (bens penhoráveis ou impenhoráveis), e nela expropriados para o pagamento ao credor. Há um leque de situações em que se discutem "(im)penhorabilidades", tendo em vista interpretações da legislação aplicável e os princípios que norteiam os interesses do credor e do devedor na execução, além de direitos fundamentais do indivíduo.

O objetivo do presente livro é identificar e analisar situações que envolvam discussão acerca da penhorabilidade ou da impenhorabilidade de alguns bens ou direitos em uma ação de execução, com a indicação das alternativas possíveis, com base no ordenamento jurídico e em referenciais teóricos, e também das posições adotadas pelos tribunais pátrios sobre os temas (jurisprudência).

Cada capítulo contempla uma situação prática que gera polêmica e discussão sobre responsabilidade patrimonial na tutela executiva, notadamente sobre a penhorabilidade ou a impenhorabilidade de determinados bens ou direitos.

No Capítulo 1, a razoabilidade da (im)penhorabilidade da pequena propriedade rural é analisada por Richard Henrique Kustel Belli, frente ao entendimento das cortes superiores.

Caio Luiz Stonoga Rocha trata, no Capítulo 2, da (in)aplicabilidade do artigo 833 do Código de Processo Civil ao auxílio emergencial em época de pandemia de Covid-19.

A possibilidade de penhora do bem de família do fiador em contrato de locação é objeto do Capítulo 3, de autoria de Emily Cavali da Costa Meira.

A penhora de parte do salário em execução não alimentícia é discutida por Gustavo Gipiela, no Capítulo 4.

No Capítulo 5, Eduarda Sprea Ciscato discorre sobre a (im)penhorabilidade do bem de família deixado pelo autor da herança para responder às obrigações do espólio.

Por sua vez, Gabriela Machado Monteiro enfrenta a (im)penhorabilidade do bem de valor sentimental para o devedor (Capítulo 6).

A possibilidade ou não de penhora do animal doméstico é analisada por Laís Gimenez Reis, no Capítulo 7.

Larissa Pablessa Vaz Chaves, no Capítulo 8, discorre sobre a impenhorabilidade da quantia depositada em caderneta de poupança até o limite de 40 salários-mínimos.

Por fim, Lennara Morena Gonçalves Silveira explora a (im)penhorabilidade dos bens móveis necessários ou úteis ao exercício da profissão do executado (Capítulo 9).

1

(IM)PENHORABILIDADE DA PEQUENA PROPRIEDADE FAMILIAR: RAZOABILIDADE FRENTE AO ENTENDIMENTO DA CORTE SUPERIOR

Richard Henrique Kustel Belli

INTRODUÇÃO

O direito pátrio consagrou a responsabilidade patrimonial do devedor, sujeitando-se os seus bens para com as suas dívidas, consoante se depreende do artigo 789 da legislação processual civil. Sob esse prisma, haja vista a impossibilidade de prisão civil no ordenamento jurídico brasileiro, salvo o devedor de alimentos, remanescerá o estado de sujeição do patrimônio do devedor à vontade estatal, para dele extrair o que for devido ao credor (THEODORO JÚNIOR, 2020, p. 15).

O feito executivo enseja ao executado, portanto, um estado de sujeição, ficando seu patrimônio subjugado à vontade estatal. Frente a isto, o ente Estatal nele poderá interferir e retirar o equivalente à satisfação do débito pecuniário, satisfazendo, com isto, a execução e pondo fim à lide que originou a demanda.

A tutela executiva emerge frente à necessidade da satisfação de obrigações que deixaram de ser voluntariamente adimplidas pelo devedor, e quando materializadas em título dotado de certeza, liquidez e exigibilidade, proveniente do âmbito judicial ou extrajudicial, entremostram-se aptas a desprender os mecanismos coercitivos do Estado e a ensejaram o seu cumprimento forçado por meio da tutela conferido pelo poder jurisdicional. O título executivo desempenha, dessa forma, duas funções primordiais no feito executivo: a primeira é determinar o seu fim, estabelecendo seu objetivo; a segunda, definir seus limites (GONÇALVES, 2020, p. 61).

Não obstante, a Constituição da República, bem como a legislação infraconstitucional, não cuidaram de deixar à mercê de sua tutela os direitos fundamentais mínimos consagrados aos indivíduos. Com isto, estabeleceram-se limites à tutela executiva e foram colocados freios à aludida responsabilidade patrimonial do devedor, de forma a resguardar, precipuamente, a manutenção do mínimo existencial e da dignidade humana.

O princípio da menor onerosidade para o devedor, nessa seara, deve ser aferido com base nas circunstâncias do caso concreto com o fim de obter um juízo de proporcionalidade, da forma que os interesses do devedor não se sobreponham por si só à própria efetividade do feito executivo (JAYME, 2023).

> Dentro do fenômeno da impenhorabilidade há que se dizer que coexistem três regimes de impenhorabilidade na sistemática processual civil pátria, o da impenhorabilidade absoluta e relativa, bem como o regime especial da impenhorabilidade do imóvel residencial.
>
> Enquanto que em relação à impenhorabilidade absoluta não se admite qualquer espécie de constrição, ressalvada dívida relativa ao próprio bem; na impenhorabilidade relativa, por outro lado, os bens poderão ou não ser penhorados a depender da análise da capacidade patrimonial do executado (CÂMARA, 2023, p. 755).

A fim de corroborar com a inequívoca concepção do texto constitucional como elemento fundante e estruturante de todo o sistema jurídico pátrio, o Código de Processo Civil insculpiu expressamente a diretriz de que o processo civil será ordenado, disciplinado e interpretado nos ditames dos valores e normas fundamentais da Constituição da república.

Impera em sede processual a incidência concomitante de princípios processuais e constitucionais, visando que o processo se dê de acordo com o interesse do credor. Contudo, de forma menos onerosa ao executado, este sofrerá o ônus e as constrições involuntárias, sem perder de vista a preponderância do interesse do exequente nessa fase, mas não a busca desse interesse a qualquer custo.

A constitucionalização do processo civil se entremostra a partir da positivação de princípios que antes eram adstritos ao texto constitucional, a exemplo da inafastabilidade do Poder Judiciário, duração razoável do processo, cooperação, dignidade da pessoa humana, proporcionalidade, razoabilidade, legalidade, publicidade e eficiência, contraditório, não surpresa (artigos 9º e 10º) e publicidade. Frente ao citado fenômeno, ocorre também uma aplicação mais cautelosa dos métodos de ponderação entre princípios e valores de ordem constitucional (COÊLHO, 2019).

Cuidou o artigo 833 da Codificação Processual Civil de estabelecer bens inatingíveis pelo feito executivo, insuscetíveis, portanto, de penhora e de expropriação e, dentre esses, encontra-se elencada a dita pequena propriedade rural.

Por sua vez, a Constituição da República, ao tratar dos direitos e garantias fundamentais, também deteve o zelo de constar em seu artigo 5º, XXVI, que a pequena propriedade rural, assim definida em lei, desde que trabalhada pela família, não poderá ser objeto de penhora para pagamento dos débitos decorrentes de sua atividade produtiva, cabendo a lei dispor acerca de meio de financiar o seu desenvolvimento.

Conquanto a preocupação do legislador em proteger o pequeno imóvel rural, depreende-se que em análise às disposições legais e constitucionais, ambos os dispositivos omitiram-se em conceituar de forma clara e precisa a pequena propriedade rural.

Ademais, frente aos dissídios jurisprudenciais que se sucederam após a promulgação do texto constitucional, bem como da entrada em vigor das legislações processuais civis, houve acirrada divergência interpretativa acerca da natureza dos débitos que poderiam limitar o alcance da referida proteção, remanescendo inúmeros questionamentos acerca do alcance da supracitada tutela.

Desde a promulgação da Constituição da República em 1988 ou o advento do Código de Processo Civil de 1939, predecessor do Codex 1973, que já previa a proteção da pequena propriedade rural, não houve qualquer legislação específica a fim de conceituar inequivocamente a pequena propriedade rural, a fim de garantir ampla e irredutível proteção ao bem imóvel rural, nos termos constitucionais e legais.

Os parâmetros para conceituação da pequena propriedade rural e, por conseguinte, a amplitude de proteção conferida a ela, figurava divergente e incerta no âmbito dos Tribunais pátrios. Isso porque o legislador corroborou para esse estado de incerteza e indefinição, ao passo que cada Corte de Justiça atribuía parâmetros distintos a fim de que no caso concreto incidisse ou não a tutela da impenhorabilidade.

Com isso, coube ao Superior Tribunal de Justiça, após um longo processo interpretativo em seus órgãos fracionários, buscar consolidar o seu entendimento conceituando a pequena propriedade rural. Dessa forma, diante da definição do imóvel rural, almejou-se a busca da amplitude da proteção conferida pelas disposições protetivas, pacificando-se, em tese, o tema, bem como dando cabo às controvérsias jurisprudenciais e, assim, conferindo mais segurança jurídica e eficácia a esse relevante instituto legal.

O FEITO EXECUTIVO FRENTE AO INSTITUTO DA IMPENHORABILIDADE

De nada adiantaria ao Estado-juiz e aos seus jurisdicionados que, após receberem a tutela estatal, findo o processo de conhecimento através de uma decisão terminativa de mérito se vissem frustrados sem que pudessem angariar o bem da vida pretendido.

Para tanto, conforme dito alhures, o processo de execução urge como meio capaz de conferir eficácia às decisões judiciais, seja por meio do cumprimento de sentença, fruto de um exaustivo processo de cognição que reconheceu a procedência do direito, ou então, através de um título proveniente da esfera extrajudicial que a lei expressamente conferiu eficácia executiva.

Inadimplida a obrigação, surge para o credor o direito de exigi-la em Juízo e fazer valer o seu interesse, o que reflete no interesse do Estado em buscar a pacificação social, evitando a regressão à Lex Talionis, ou então, lei do talião, por meio da qual legitimava-se a autotutela, a Justiça a próprias mãos.

Em que pese a consagrada responsabilidade patrimonial, não foram todos os bens postos à disposição do Estado, emergindo a impenhorabilidade como uma técnica processual que cuida de estabelecer limites ao feito executivo, a fim de conferir proteção de bens jurídicos relevantes, como a dignidade do executado e o direito patrimonial mínimo.

O artigo 833 da codificação civil apresentou a denominada "impenhorabilidade absoluta", dispondo dentre os bens listados como "impenhoráveis", a pequena propriedade rural, assim definida em lei, desde que trabalhada pela família.

O instituto da impenhorabilidade constitucional da pequena propriedade rural, advém, sobretudo, da preocupação do constituinte em disciplinar e regulamentar as atividades desenvolvidas pelo setor rural e a função da propriedade rural, considerando a relevância do setor agrário no âmbito socioeconômico brasileiro (BARCELLOS, 2020, p. 489).

Não obstante, a legislação infraconstitucional que regulamentou a pequena propriedade rural, não raras vezes, mostrou-se confusa, incompleta e contraditória, exigindo da doutrina e jurisprudência a interpretação do alcance das disposições legais (CANAN, 2013, p. 117-151).

O conceito empregado para definição de pequena propriedade familiar é obtido a partir das disposições da Lei Federal 8.629/93 que em seu artigo 4º, II, a, dispõe ser a área compreendida entre um e quatro módulos fiscais, sendo o cálculo do módulo fiscal definido pelo Incra, em cada Município, com base no artigo 4º do Decreto 84.685/80.

Da detida análise do artigo 4º, II, da Lei 4.504/64, o chamado "Estatuto da Terra", é possível extrair que "propriedade familiar" é o imóvel rural que, direta e pessoalmente explorado pelo agricultor e sua família, absorva-lhes toda a força de trabalho, garantindo-lhes a subsistência e o progresso social e econômico, com área máxima fixada para cada região e tipo de exploração, e eventualmente trabalhada com ajuda de terceiros.

Os fundamentos da impenhorabilidade se assentam, sobretudo, em razões de origem ético-social, humanitária, política ou técnico-econômica que almejam resguardar a dignidade do devedor, consagrada no texto constitucional. Preserva-se o cunho essencialmente alimentar e de sobrevivência, uma vez que privando sujeito de determinados bens específicos, poderiam advir situações incompatíveis com a própria dignidade da pessoa humana (THEODORO JÚNIOR, 2016, p. 453-454).

Sob esse prisma, o fundamento sobre o qual se assenta a impenhorabilidade do bem de família (rural) é distinto do que dá guarida à pequena propriedade rural, ainda que ambos sejam corolários do princípio maior da dignidade da pessoa humana, sob o fundamento da garantia do patrimônio mínimo.

Enquanto o primeiro se destina a garantir o direito fundamental à moradia, o segundo objetiva salvaguardar o direito, também fundamental, de acesso aos meios geradores de renda, no caso, o imóvel rural, de onde a família do trabalhador rural, por meio do labor agrícola, obtém seu sustento.

Diante das disposições acerca da impenhorabilidade absoluta do pequeno imóvel rural, imperou uma omissão legislativa em conceituar a Pequena Propriedade Rural. Para além de uma antinomia entre as disposições protetivas, haja vista que enquanto o texto constitucional dispõe acerca da impenhorabilidade quando diante do pagamento de débitos decorrentes de sua atividade produtiva, a codificação processual civil não faz qualquer ressalva quanto a origem dos débitos, apesar de ambos os textos mencionam a necessidade de que o imóvel seja trabalhado pela família.

A dúvida acerca da conceituação legal, bem como, sobretudo, do alcance do instituto da impenhorabilidade em se tratando da origem dos débitos produtivos que poderiam ensejar ou não a restrição, recaiu sobre o Poder Judiciário dirimir os conflitos que se originaram da antinomia e omissão legislativa.

O BRASIL AGRÁRIO E A CONCEPÇÃO DE PEQUENA PROPRIEDADE RURAL AO LONGO DO TEMPO

Da análise do sistema econômico brasileiro, é inequívoco que o Brasil é um país fortemente agrário e dependente da terra em sua economia. Atualmente a agricultura brasileira continua a ser extremamente competitiva e fonte de renda e empregos, correspondendo a 21% da soma de todas as riquezas produzidas, um quinto de todos os empregos e 43,2% das exportações brasileiras, chegando a US$ 96,7 bilhões em 2019.

Nesse âmbito, a contribuição do pequeno produtor no âmbito agrário nacional é de suma importância. No estado do Paraná, conforme dados do G1 (2020), por exemplo, mais de 70% da estrutura fundiária do ente federativo é constituído por pequenas propriedades. Consoante o Censo Agropecuário 2017, dos 846.642 paranaenses que trabalham na agricultura, 535.552 dedicam-se à agricultura familiar, junto a hortifrutigranjeiros, carne suína, frangos, entre outros alimentos.

A Codificação Processual de 1939 já tratava acerca da impenhorabilidade do prédio rural, aos dispor em seu artigo 942, X, que o prédio rural lançado para efeitos fiscais por valor inferior ou igual a dois contos de réis (2:000$0), desde que o devedor nele tenha a sua morada e o cultive com o trabalho próprio ou da família.

Em 1964, o Estatuto da Terra, Lei Federal nº 4.504, foi publicado, discorrendo em seu artigo 4º, I até III, acerca do imóvel rural, da propriedade familiar, e a seu turno, acerca de uma nova nomenclatura a ser utilizada na seara agrária, qual seja o módulo rural, a fim de indicar o tamanho da propriedade familiar. Com isso, introduziu-se uma forma distinta do critério concernente apenas ao valor do imóvel para definição dos imóveis rurais em relação ao tamanho da propriedade.

A teor das disposições do Estatuto da Terra, a propriedade familiar é o imóvel rural que é direta e pessoalmente explorado pelo agricultor e sua família, com eventual auxílio de terceiros, absorve-lhes toda a força de trabalho e lhes garante subsistência, e o progresso socioeconômico. O valor do módulo rural indica o tamanho da propriedade familiar e, por sua vez, tem área máxima fixada para cada região e tipo de exploração.

Nesse ínterim, à luz do artigo 4º, II, da sobredita legislação, para além do tamanho da propriedade familiar, faz-se mister que ela proporcione desenvolvimento socioeconômico. A propriedade familiar deveria servir à família a fim de que esse viesse a obter os direitos garantidos pela prestação alimentícia, elementos mínimos à sobrevivência, como alimentação, vestuário, habitação e saúde.

O Estatuto da Terra consigna que a propriedade familiar deve ter área máxima fixada para cada região e tipo de exploração, silenciando-se acerca dessa área. Não obstante, o seu artigo 46 discorre que a competência para classificar os limites máximos da propriedade familiar, assim como realizar o cadastro dos imóveis rurais, incumbe ao Instituto Nacional de Colonização e Reforma Agrária (Incra).

O Código de Processo Civil de 1973 não repetiu a regra da impenhorabilidade do bem de família rural, por mais que constasse na legislação processual anterior. Contudo a Lei 7.513/1986 acresceu o inciso X ao artigo 649 da codificação processual, mencionando a impenhorabilidade do imóvel com tamanho de até um módulo, convergindo com o disposto no Estatuto da Terra.

Em que pese as definições legais que impediam a constrição do imóvel, não se sabia à época o que vinha a ser "módulo rural", o que prejudicou severamente a referida proteção legal do imóvel rural. Situação que se repetiu com a promulgação da Constituição da República de 1988, que em seu artigo 5º, XXVI, expressamente estabeleceu que a pequena propriedade rural é impenhorável, cabendo à eventual lei definir o que viria a ser de fato o imóvel.

CONCEITUAÇÃO DE PEQUENA PROPRIEDADE RURAL

O Estatuto da Terra, legislação que regula direitos e obrigações concernentes a bens imóveis rurais, para fins de reforma agrária e promoção da política agrícola, estabelece no seu artigo 4º, II, que a propriedade familiar é aquela trabalhada direta e pessoalmente pela família, com eventual ajuda de terceiros, capaz de garantir a subsistência e o progresso socioeconômico, com área que varia, para cada região e tipo de exploração, com área máxima equivalente a um módulo rural.

Dessa forma, a fim de delimitar o módulo rural, distinto para cada região, considera-se a capacidade produtiva do imóvel, variável para cada região, pois é influenciada por fatores climáticos, como temperatura, incidência de chuvas, ventos, pelas configurações e propriedades do solo, pela proximidade com áreas que tenham cobertura vegetal natural, como floresta, cerrado, caatinga, e pela tecnologia aplicada na produção.

Aliados aos fatores intrínsecos do imóvel, encontram-se alguns fatores extrínsecos, como a subsistência e o desenvolvimento socioeconômico que devem ser considerados para classificação do imóvel. Nessa senda, figuram o acesso ao imóvel, a proximidade com serviços públicos básicos, como educação, saúde, segurança e transporte, a proximidade com indústria e comércio para escoar a produção.

O Instituto Nacional de Colonização e Reforma Agrária (Incra), por sua vez, em cumprimento aos ditames do artigo 46 do Estatuto da Terra, estabeleceu diretrizes da política agrária para cada região, programando a ação de órgãos governamentais para desenvolvimento do setor rural.

O artigo 43 e o seu § 1º estabeleceram critérios gerais, quais sejam: (i) localização do imóvel e o grau de desenvolvimento agrícola na região em que está localizado; (ii) tamanho médio dos imóveis rurais em cada região; (iii) número de hectares per capita; (iv) densidade da população rural; e (v) relação entre o número de proprietários, parceiros rurais e assalariados, em cada região. Ademais, dispõem o artigo 46, II, também como critério a natureza e condições das vias de acesso e a proximidade com centros demográficos.

O artigo 46, III, da legislação em comento, discorreu acerca de critérios concernentes às especificidades do imóvel, como condição intrínseca, a saber: (i) porcentagens da superfície do imóvel que pode ser explorada; (ii) tipos de cultivo, criação, forma de proteção e comercialização de produtos; (iii) sistemas de contrato de trabalho utilizados; (iv) prática de conservação de solo, água e vegetação adequados, assim como o grau de mecanização; (v) volumes e índices médios de produção; e (vi) condições para o beneficiamento dos produtos agropecuários produzidos.

Não faz distinção os artigos mencionados do tamanho da propriedade rural, sendo válidos para os imóveis pequenos, médios e grandes. O artigo 46, § 1º do Estatuto da Terra, dispôs de critérios a serem observados pelo Incra a fim de classificar os imóveis em áreas prioritárias de reforma agrária.

Outrossim, o módulo rural deve corresponder à propriedade familiar, conforme o artigo 4º, II e III, do Estatuto da Terra, para fins de reforma agrária. Ademais, deve a propriedade familiar representar a fração mínima do imóvel rural, de forma a ser suficiente para absorver toda força de trabalho familiar, proporcionando subsistência e desenvolvimento econômico, observados os critérios dos artigos 43, § 1º e 46, II e III da referida legislação.

Admite-se a constituição do imóvel rural de um ou mais módulos rurais, contudo, tratando-se de reforma agrária, não seria permitido que fosse fracionado para além de um módulo rural, o que se coaduna com as disposições do artigo 65 do Estatuto da Terra.

Conforme dito alhures, à luz das disposições do Estatuto da Terra, a propriedade familiar deveria ser dotada de tamanho suficiente para garantir a subsistência da família e o seu desenvolvimento socioeconômico. Outrossim, para delimitação do tamanho da propriedade, considera-se além da capacidade produtiva do imóvel, fatores como a proximidade com centros urbanos, densidade populacional, preço de mão de obra temporária, acesso aos serviços públicos e à indústria e comércio a fim de escoar a produção.

Contudo o Incra tardou em fixar o tamanho do módulo rural e, em razão disso, houve interferência de legislação posterior que veio a alterar os critérios estabelecidos para delimitação dos módulos e classificação dos imóveis. Nisso, a Lei nº 6.746/79 alterou a Lei nº 4.504/64 (Estatuto da Terra) e passou a prever que o imóvel rural seria dividido em módulos fiscais, para fins tributários.

O artigo 50, §2º, passou a apresentar como critérios para apuração do módulo fiscal: (i) o tipo de exploração predominante no município onde se localiza o imóvel; (ii) a renda obtida através da exploração predominante; (iii) outras formas de exploração possíveis, expressivas em função da renda ou da área utilizada; e (iv) conceito de propriedade familiar previsto no artigo 4º, II, da mesma legislação. O parágrafo 3º, por sua vez, definiu como critério objetivo de que o número de módulos fiscais, para fins tributários, será obtido dividindo a área aproveitável do imóvel pelo módulo fiscal do município onde se localiza.

Com isso, observa-se que o módulo fiscal não guarda correlação com o módulo rural, ao passo que sequer necessita possuir o mesmo tamanho, isso porque enquanto o módulo fiscal visa fins tributários, o módulo rural objetiva a garantia de subsistência e de desenvolvimento socioeconômico aos proprietários rurais.

O Estatuto da Terra deixou de definir o tamanho da propriedade familiar ou o valor do módulo rural, tão somente fixando os critérios para aferição do valor ao Incra, que por sua vez também não fixou o tamanho do módulo rural, apenas do módulo fiscal, o que deixa de considerar as características extrínsecas ao imóvel.

Os módulos fiscais, estabelecidos nas décadas de 1970 e 1980 através de Instruções Especiais, utilizaram o hectare como unidade de medida, conforme o artigo 50, § 2º, do Estatuto da Terra, e utilizavam apenas alguns dos critérios fixados pelo artigo 4º, II, da própria legislação, constando apenas algumas das características definidoras do módulo rural.

Em que pese a delimitação realizada, observavam-se incongruências nas disposições legais, posto que enquanto o artigo 4º, II e III, do Estatuto da Terra se referia ao módulo rural, o Incra procedeu com a divisão dos imóveis em módulos fiscais.

Posteriormente, a Lei 8.629/1993, que visa regulamentar os dispositivos concernentes à reforma agrária, expressamente constou em seu artigo 4º, II, a, que a pequena propriedade rural possui tamanho variável entre um e quatro módulos fiscais.

Quanto ao tamanho, conforme a aludida legislação, as propriedades poderiam ter as seguintes dimensões: pequena propriedade: imóvel rural de área compreendida entre 1 e 4 módulos fiscais; média propriedade: imóvel rural de área superior a 4 e até 15 módulos fiscais; bem como grande propriedade: imóvel rural de área superior a 15 módulos fiscais.

Infere-se, dessa forma, que o conceito de pequena propriedade rural, estabelecido no artigo 5º, XXVI, da Constituição da República, no artigo 4º, § 2º da Lei 8.009/90 e no artigo 833, VIII, é aquele estabelecido pelo artigo 4º, III, a, da Lei 8.629,93, cujas disposições convém transcorrer, in verbis:

> Art. 4º Para os efeitos desta lei, conceituam-se:
>
> II - Pequena Propriedade - o imóvel rural:
>
> a) de área até quatro módulos fiscais, respeitada a fração mínima de parcelamento (BRASIL, 1993).

Frente ao exposto, vislumbra-se que a pequena propriedade rural se trata do imóvel rural de área compreendida entre um e quatro módulos fiscais, sendo o módulo fiscal uma unidade de medida agrária medido em hectares, instituído através da Lei Federal nº 6.746, e que apresenta valor distinto para cada município (MARTINS, 2020, p. 831).

ENFRENTAMENTO DA MATÉRIA PELO SUPERIOR TRIBUNAL DE JUSTIÇA

Com o advento da Constituição da República de 1988, instaurou-se não somente uma nova ordem jurídica e social no país, mas as instituições sofreram uma brusca mudança, sobretudo a estrutura do Poder Judiciário.

A Constituição previu a criação de uma Corte Superior com competência para julgar dentre as hipóteses elencadas no seu artigo 105, os recursos de decisões que contrariarem tratado ou lei federal, ou negar-lhes vigência, e ainda quando determinada decisão conferisse interpretação distinta a que outro tribunal houvesse dado a respeito da mesma questão.

Atribuiu-se, portanto, ao Superior Tribunal de Justiça, a missão de uniformizar a jurisprudência nacional, a fim de dirimir as controvérsias relacionadas ao conflito de entendimentos dados pelos Tribunais dos Estados e pelos Tribunais Regionais Federais acerca de determinada disposição legal.

Um dos primeiros julgados que se tem notícia em face de sua relevância ocorreu em 1992, quando no Recurso Especial 11.698/MS, o Superior Tribunal de Justiça entendeu que a regra da impenhorabilidade contida na Lei 8.009/90 aplica-se de imediato, independentemente se a penhora fosse anterior à Lei protetiva. Com isso, a Corte considerou que o único imóvel do casal, ou entidade familiar, invocava a garantia contra a penhorabilidade.

Quanto ao bem de família, entendeu a Corte Especial do Superior Tribunal de Justiça, após uma série de divergências internas, no EDiv no Resp 182.223/SP, que o bem de família do solteiro é impenhorável e, com isso, obteve-se o entendimento que a proteção contra a penhora não se voltava tão somente à família, mas à pessoa, ainda que solitária. Nesse sentido, há o próprio verbete do enunciado sumular 205, que dispõe que a Lei n. 8.009/1990 aplica-se a penhora realizada antes de sua vigência.

No julgamento do REsp 26.569/RS, a Corte reconheceu que a regra do artigo 5º, XXVI, da Constituição da República, incide ainda que a pequena propriedade rural tenha sido dada em garantia, todavia não houve naquela oportunidade qualquer menção à definição do imóvel rural.

O sobredito entendimento também foi observado no AgIn 184.198/RS. Por sua vez, na apreciação do REsp 50.622/RS, o Tribunal Superior entendeu que a pequena propriedade rural se tratava do imóvel com tamanho superior a um módulo, deixando de tecer comentários acerca de que se tratava de módulos rurais ou fiscais.

Na ocasião do julgamento do REsp 98.103/RS, o STJ reconheceu um imóvel como pequena propriedade rural impenhorável, com base nos critérios da Lei 8.629/93. Entendimento que se mostrou em consonância com o julgamento do Mandado de Segurança 22.579/PB, que concebeu como pequena propriedade rural o imóvel cuja área encontra-se compreendida entre um e quatro módulos fiscais.

Através da apreciação do REsp 149.363/PR, a Corte da Cidadania reforçou as disposições de impenhorabilidade, dispondo que não havia exceções para a regra da impenhorabilidade, ainda que o imóvel houvesse sido hipotecado para fins de financiamento agropecuário. Nessa senda, oportuno registrar que no caso do Resp 230.363/PB o STJ reafirmou a impenhorabilidade do imóvel com área superior ao módulo rural, permitindo a penhora da área excedente.

Com efeito, a apreciação da matéria pelo Superior Tribunal de Justiça ganhou relevo quando, em 2010, no REsp 1.007.070/RS, foi estabelecida divergência no âmbito da Corte. Isso porque até aquele momento não havia um entendimento unânime do que viria a ser a definição legal de pequena propriedade rural. Naquela oportunidade, os ministros discorreram que em pese o conceito de módulo rural ser concebido como sinônimo de propriedade familiar, não havia correspondência prática.

No julgamento do sobredito recurso, restou consignado:

> Não há, até o momento, no ordenamento jurídico nacional, lei que defina, para efeitos de impenhorabilidade, o que seja "pequena propriedade rural". A despeito da lacuna legislativa, é certo que referido direito fundamental, conforme preceitua o § 1º, do artigo 5º da Constituição Federal, tem aplicação imediata. Deve-se, por consequência, extrair das leis postas de cunho agrário exegese que permita conferir proteção à propriedade rural (tida por pequena - conceito, como visto, indefinido) e trabalhada pela família. (STJ – 3ª T. no REsp 1.007.070/RS, Rel. Min. Massami Uyeda. J. 19.08.10. Dje. 01.10.10).

Dessa forma, a fim de se chegar ao tamanho do módulo fiscal, à luz do artigo 50, §2º, do Estatuto da Terra, deveria ser levado em conta o conceito de propriedade familiar, o tipo de exploração preponderante no município, a renda obtida com a exploração local e outras explorações significativas da renda ou da área utilizada. Ademais, o módulo fiscal deveria, portanto, ser tido como sinônimo de pequena propriedade rural.

Suprimindo as divergências até então observadas, através do REsp 1.284.708/PR, restou pacificado o entendimento de que a propriedade rural possui tamanho entre um e quatro módulos fiscais, conforme dispõe o artigo 4º, II, a, da Lei 8.629/93. Com isso, tem-se que a pequena propriedade rural deve ser dotada de tamanho suficiente para garantir a subsistência do trabalhador e sua família e auferir desenvolvimento socioeconômico.

Em 2020, no julgamento do Recurso Extraordinário com Agravo 1038507, com repercussão geral reconhecida, o Supremo Tribunal Federal com o tema 961, firmou a tese de que a pequena propriedade rural constituída de mais de um terreno, desde que contíguos e com área total inferior a quatro módulos fiscais do município de localização, é impenhorável.

A necessidade de enfrentamento do tema pela Corte Superior se deu justamente devido aos dissídios provenientes dos Tribunais de Justiça que fortemente divergiam acerca da aplicação das regras de impenhorabilidade da pequena propriedade rural. Em relação à interpretação das disposições protetivas, estabeleceu-se dois requisitos principais, quais sejam: 1) ser o imóvel uma pequena propriedade rural, e 2) haver trabalho familiar.

Não obstante, havia tribunais que entendiam que a regra da impenhorabilidade só se aplicava quando diante dos débitos decorrentes da atividade produtiva, admitindo-se a penhora para outras espécies de débitos. Nessa toada, vislumbra-se julgados exigindo os três requisitos, como é o caso dos Tribunais de Justiça de Santa Catarina e do Paraná.

Os tribunais de Justiça do Rio Grande do Sul e Mato Grosso firmaram entendimento de que bastava que o imóvel pequena propriedade rural e que fosse trabalhado pela família. Todavia, havia casos de Tribunais que ora exigiam dois requisitos, ora exigiam três, e ora exigiam que apenas se tratasse de pequena propriedade rural, como é o caso do Tribunal de Justiça do Mato Grosso do Sul.

Diante de tantos dissídios jurisprudenciais, a decisão do Superior Tribunal de Justiça no AgRg no AgIn 1.050.472/GO e nos REsp 1.018.635/ES e REsp 1.284.708/PR, ao reconhecer que a pequena propriedade rural impenhorável é aquela com tamanho de até quatro módulos fiscais, sendo dotada de proteção absoluta, ainda que a origem dos débitos não guarde relação com a atividade produtiva, foi demasiadamente importante para a interpretação e aplicação do instituto da impenhorabilidade no cotidiano dos feitos executivos no país.

No mais, verificou-se no que tange ao ônus da prova, o entendimento da Corte Superior de que cabe ao pequeno proprietário demonstrar que o imóvel se enquadra nos limites legais que conferem ao imóvel a proteção absoluta, sendo presumido que a pequena propriedade é trabalhada pela família.

Contudo, em virtude da presunção juris tantum, cabe ao exequente demonstrar que não há exploração familiar no local, a fim de que somente dessa forma seja afastada a proteção constitucional, e desconstituída para fins executivos a pequena propriedade e afastada as disposições que garantem a impenhorabilidade do imóvel.

Conclui-se, àquela época, que tão pouco importava se o imóvel rural servisse de moradia do executado e sua família, considerando apenas que seja trabalhada pelo núcleo familiar. Nas palavras do Ministro Marco Aurélio Bellizze, ao relatar o REsp 1591298/RJ, não se afigura exigível, segundo o regramento pertinente, que o débito exequendo seja oriundo da atividade produtiva, tampouco que o imóvel sirva de moradia ao executado e de sua família (STJ – 3ª T. REsp nº 1591298 Rel. Min. Marcos Aurélio Bellizze – J. 14.11.2017. Dje. 21.11.2017).

Em julgado de 2023 de relatoria da Ministra Nancy Andrigui, o Superior Tribunal de Justiça expressamente consignou que para o reconhecimento da impenhorabilidade posta no Código de Processo Civil, é imprescindível a existência de dois requisitos: (i) que o imóvel se qualifique como pequena propriedade rural, nos termos da lei, e (iii) que seja explorado pela família.

Outrossim, a Corte corroborou com os entendimentos anteriores, mencionando a inexistência até o presente momento de uma lei definindo o que seja pequena propriedade rural para fins de impenhorabilidade. Assim, face à lacuna legislativa, a jurisprudência tem tomado emprestado o conceito estabelecido na Lei 8.629/1993, a qual regulamenta as normas constitucionais relativas à reforma agrária (BRASIL, 1993). Em seu artigo 4ª, II, alínea "a", atualizado pela Lei 13.465/2017, consta que se enquadra como pequena propriedade rural o imóvel rural "de área até quatro módulos fiscais, respeitada a fração mínima de parcelamento" (BRASIL, 2017).

O Superior Tribunal de Justiça consignou ainda que o oferecimento do bem em garantia não afasta a proteção da impenhorabilidade, haja vista que se trata de norma de ordem pública, inafastável pela vontade das partes. Ademais, a falta de comprovação, pela parte executada, de que o imóvel penhorado é explorado pela família acaba por afastar a incidência da proteção da impenhorabilidade.

CONCLUSÕES

Por muitas décadas imperaram no país a indefinição e a incerteza em relação à aplicação das regras de impenhorabilidade da pequena propriedade rural previstas no artigo 5º, XXVI, da Constituição da República e no artigo 833, VIII, do Código de Processo Civil. Ademais, outras legislações já previam a proteção do bem imóvel rural, como o Código de Processo Civil de 1939 em seu artigo 942, X.

O Estatuto da Terra, Lei Federal 4.504/64, a seu turno, definiu o que é imóvel rural, criando a nomenclatura módulo rural para ditar o tamanho da propriedade familiar. Nisso, a propriedade rural deveria garantir a subsistência e proporcionar desenvolvimento socioeconômico ao trabalhador e a sua família.

Conforme o artigo 46 da sobredita lei, a classificação dos limites máximos da propriedade familiar para cada Região e Estado caberia ao Instituto Nacional de Colonização e Reforma Agrária (Incra).

Em que pese o Código de Processo Civil de 1973 prever em seu artigo 649, X, a impenhorabilidade do bem de família rural com tamanho de até um módulo, a legislação quedou-se omissa ao fazer menção ao conceito utilizado pelo Estatuto da Terra e não dar o seu respectivo significado. Tal fato veio a ser repetido com o Código de Processo Civil de 2015.

O Estatuto da Terra dispõe acerca do conceito de propriedade familiar, considerando tratar-se do imóvel rural trabalhado direta e pessoalmente pela família, com eventual ajuda de terceiros, capaz de garantir a subsistência e o progresso socioeconômico, com área máxima equivalente a um módulo rural.

O tamanho do módulo rural tardou a aparecer e, em razão disso, dispôs a Lei 6.746/79 que o imóvel rural seria dividido em módulos fiscais, definindo no seu artigo 50, §§ 2º e 3º, critérios para apuração do tamanho do módulo fiscal. Dentre esses, o tipo de exploração predominante no município onde localiza-se o imóvel, a renda obtida, outras formas possíveis de exploração, expressivas, em função da renda ou da área utilizada, e o conceito de propriedade familiar.

Com isso, passou a ser utilizado o módulo fiscal para aferir o tamanho do imóvel rural, ainda que módulo fiscal e módulo rural não guardem necessariamente relação entre si, podendo inclusive serem distintos, isso porque enquanto o módulo fiscal serve a fins tributários, o módulo rural objetiva a garantia de subsistência e desenvolvimento socioeconômico.

A Lei 8.629/93, que objetiva regulamentar os dispositivos constitucionais relativos à reforma agrária, encerrou muitas discussões ao dispor que a pequena propriedade rural possui tamanho variável entre um e quatro módulos fiscais.

A Corte Superior de Justiça pacificou entendimento de que a propriedade rural impenhorável é aquela com tamanho de até quatro módulos fiscais, conforme as disposições da Lei nº 8.629/93 em seu art. 4º, II, a. Ademais, com isso, o imóvel rural deveria ter tamanho suficiente para garantir a subsistência e o desenvolvimento socioeconômico da família.

Por derradeiro, a Suprema Corte, através da tese de repercussão geral, fixou o entendimento de que é impenhorável a pequena propriedade rural familiar constituída de mais de um terreno, desde que contíguos e com área total inferior a quatro módulos fiscais do município de localização.

2

A (IN)APLICABILIDADE DO ARTIGO 833 DO CPC AO AUXÍLIO EMERGENCIAL EM ÉPOCA DE PANDEMIA

Caio Luiz Stonoga Rocha

Desde o ano de 2020, é notória a realidade de enfrentamento à pandemia de Covid-19, que já contaminou, no Brasil, até 31 de março de 2023, cerca de 37 milhões de pessoas, levando 699.310 delas a óbito. Ante um cenário de incerteza e isolamento social, o governo federal, dentre outros entes da Administração Pública, buscou adotar medidas de contenção ao estado de calamidade que se consolidou.

Além da vacinação da população brasileira, iniciada em janeiro de 2021, que indica que a grande maioria dos habitantes foi vacinada com ao menos uma dose, foi também providenciado o pagamento do "Auxílio Emergencial", benefício de prestação continuada a fim de assegurar o sustento dos brasileiros em estado de necessidade em tempos pandêmicos.

Regulamentado primeiramente pela Lei nº 13.982/2020, a benesse constituiu na concessão de R$ 600 mensais àqueles que cumprissem cumulativamente os requisitos elencados no artigo 2º da Lei mencionada, dentre os quais figuravam a inexistência de emprego formal ativo, a renda familiar mensal per capita até meio salário-mínimo e o exercício de atividade de microempresário individual ou trabalhador informal de qualquer natureza.

O panorama das relações jurídicas no país sofreu significativas modificações desde o estopim da pandemia, implicando na necessidade de adaptação de diversos procedimentos judiciais à nova realidade, a exemplo da penhora. Característico dos procedimentos civis de execução, tal instituto, conforme elucidação por Didier (2021, p. 833), compreende a apreensão e depósito de bens a fim de salvaguardar o crédito da parte exequente, de maneira a individualizar a antes genérica responsabilidade do devedor.

Nessa toada, investiga-se a possibilidade de constrição da quantia referente ao Auxílio Emergencial a fim de satisfazer eventuais dívidas em que seja executado o beneficiário.

Em análise bibliográfica, concebem-se duas principais alternativas ao dilema. Uma delas enquadra a benesse no rol de bens impenhoráveis imposto pelo artigo 833 do Código de Processo Civil. Em seu inciso IV, evidencia-se a impossibilidade de sujeição à penhora de salários, remunerações e bens destinados ao sustento do devedor e de sua família, motivo pelo qual, em teoria, o Auxílio Emergencial teria caráter impenhorável. Ainda, o Conselho Nacional de Justiça, em sua Resolução nº 318/2020, recomenda que os magistrados optem pela impenhorabilidade dos valores referentes a tal benefício.

Por outro lado, o parágrafo 2º do artigo supramencionado enuncia a possibilidade de penhora dos saldos provenientes do inciso IV em caso de o débito decorrer de obrigação alimentar, viabilizando, em tese, a constrição do Auxílio Emergencial. A esse respeito, Donizetti (2021, p. 1066) destaca que, no âmbito jurisprudencial, a regra da impenhorabilidade tem sido relativizada, vez que os tribunais por vezes optam pela penhora, embora preservando valor que entendem necessário para que ao executado e a sua família seja garantida uma vida digna.

A linha de debate ocasionada pelos posicionamentos supra evidencia como questionamento principal desta investigação a extensão prática do artigo 833, IV, do CPC, abrangendo a busca doutrinária e jurisprudencial, destacando-se o período de vigência do Auxílio Emergencial, pela aplicabilidade de tal artigo em matéria de execução civil desde o advento da pandemia. Ademais, visa-se, paralelamente, ao estudo dos reflexos sociais decorrentes da política governamental ora analisada, verificando a efetividade do poder público na garantia do mínimo necessário para o sustento da população brasileira.

Inicialmente, faz-se necessária a análise comparativa dos dispositivos que regulamentaram o Auxílio Emergencial desde sua instituição, destacando-se tanto a Lei nº 13.982/2020 quanto a Medida Provisória nº 1.000/2020 e o Decreto nº 10.661/2021, bem como o advento do Programa Auxílio Brasil.

A Lei nº 13.982, de 2 de abril de 2020, foi a responsável por formalizar o Auxílio Emergencial enquanto Benefício de Prestação Continuada (BPC) a ser fornecido pelo governo federal, enunciando uma série de diretrizes que foram, via de regra, endossadas pelos dispositivos que sobrevieram.

À época, a benesse envolvia, durante três meses — prorrogáveis ao longo do período de enfrentamento da pandemia, por meio de ato do Poder Executivo —, o pagamento de R$ 600 à parcela de trabalhadores que cumulasse os critérios elencados pelo artigo 2º da referida Lei, embora o recebimento do benefício fosse limitado a dois membros da mesma família e atuasse em substituição ao Programa Bolsa Família, caso fosse mais vantajoso. O pagamento ocorreria por meio de instituições financeiras públicas federais em contas tipo poupança social digital, cuja abertura ocorreria automaticamente em nome do beneficiário.

Ademais, a Lei mencionada, em seu artigo 2º, § 13º, aponta que:

> Fica vedado às instituições financeiras efetuar descontos ou compensações que impliquem a redução do valor do auxílio emergencial, a pretexto de recompor saldos negativos ou de saldar dívidas preexistentes do beneficiário, sendo válido o mesmo critério para qualquer tipo de conta bancária em que houver opção de transferência pelo beneficiário.

Assim, resta claro o posicionamento do legislador na contramão ao uso do Auxílio Emergencial para fim de pagamento de eventuais débitos do beneficiário, o que contempla, ainda que indiretamente, sua natureza de bem impenhorável.

Em 2 de setembro, o Presidente da República promove a Medida Provisória nº 1.000, determinando o funcionamento do BPC, em modalidade residual, até 31 de dezembro de 2020. O valor da prestação cai pela metade: até quatro parcelas de R$ 300 seriam destinadas aos trabalhadores atendidos pela Lei 13.982/2020, cujos requisitos foram mais especificados com o advento da MP.

A mudança de ano veio com a promessa de avanço rumo ao fim da pandemia, logo soterrada pelo surgimento de novas variantes do coronavírus. Em virtude da manutenção das medidas de prevenção à Covid-19, o Auxílio Emergencial foi também prorrogado, por meio do Decreto nº 10.661, de 26 de março de 2021. Mantendo a maioria dos ditames da lei original (inclusive da redação do artigo 2º, § 13º, desta vez presente no artigo 13, § 1º) e das especificidades vindas da MP anterior, o dispositivo prevê o pagamento de quatro parcelas de R$ 250, representando corte de 1/6 do valor do auxílio residual e cerca de 60% da prestação original.

Finalmente, a Lei nº 14.284/2021 estrutura o Programa Auxílio Brasil, que surgiu na proposta de substituir tanto o Auxílio Emergencial quanto o Programa Bolsa Família. Em linhas gerais, o projeto, cujo valor médio permeia os R$ 400, busca traçar estratégias de combate à pobreza no país, concomitantemente ao estímulo à empregabilidade e à escolaridade no país.

Diante da análise friamente legislativa, o cenário mostra-se, no mínimo, desafiador ao brasileiro: a redução progressiva da verba federal implica diretamente no incremento das realidades díspares percebidas em território nacional, demonstrando uma preferência aos privilégios daqueles que já os têm em detrimento da garantia ao mínimo existencial daqueles que se equilibram na linha da pobreza. Embora deva ser considerada igualmente a necessidade de o governo federal de honrar o orçamento planejado e atender às diversas demandas que deve adimplir, a constante redução das prestações do Auxílio Emergencial frente ao período de incertezas e à acentuação das desigualdades evidencia a necessidade de muito mais que políticas análogas ao BPC para combater a pobreza — ainda mais — endêmica no país.

Por outro lado, apesar da previsão em lei, faz-se necessária a garantia do acesso da população a referido benefício, sendo essencial o papel do Poder Judiciário nesta salvaguarda, atuando em diversas frentes para que o Auxílio Emergencial seja prestado adequadamente aos indivíduos a que se destina.

No entanto, mesmo com o papel de garantia da benesse à população necessitada, surge o questionamento acerca da penhorabilidade de tal benefício, que, sendo recente, permanece carente de posicionamento doutrinário e jurisprudencial a seu respeito. Assim sendo, passa-se à análise da natureza do Auxílio Emergencial sob o pano de fundo do instituto da penhora nos aspectos da doutrina e da jurisprudência processual civil.

O instituto da penhora no âmbito do direito processual civil diz respeito à individualização de bens do devedor, selecionados para a satisfação do débito em procedimento executório. Assim sendo, a responsabilidade patrimonial, antes ampla, passa a ser delimitada.

Apesar da consideração da extensa maioria do patrimônio do executado, a penhora não incide sobre determinados bens. A impenhorabilidade, logo, pode ser tanto absoluta quanto relativa, sendo a primeira hipótese regulamentada pelo artigo 833 do Código de Processo Civil, ao passo que a modalidade relativa é contemplada pelo artigo 834. Mesmo com tal divisão, todos os casos de impossibilidade de penhora podem ser compreendidos como relativos, por haver oportunidades específicas de constrição dos bens absolutamente impenhoráveis em função da responsabilidade patrimonial ante determinadas obrigações a serem adimplidas.

A previsão do artigo 833 do CPC, para Marinoni (2017, p. 971-973), seria como uma faca de dois gumes. Na análise do inciso II do referido artigo, o teórico aponta que, por um lado, o emprego de critérios humanitários ou de especificidades do direito material no rol de bens absolutamente impenhoráveis resguarda à figura do devedor o princípio da dignidade humana. Contudo a admissibilidade de um vasto conjunto de bens não sujeitos à penhora implica em uma necessidade de flexibilização da aplicabilidade do artigo, resultando na relativização do conceito de bem impenhorável. Nesse sentido, explica:

> O exagero no elenco de bens a que se confere essa impenhorabilidade, ao contrário de proteger o devedor, acaba por prejudicá-lo, pois o comércio exige maiores garantias para permitir que qualquer pessoa possa realizar compras e financiamentos. Desta forma, impõe-se a limitação da extensão dada a esta impenhorabilidade, nos moldes da atual redação do art. 833 do CPC, cingindo-se a impenhorabilidade aos bens imprescindíveis à manutenção do padrão médio de vida da entidade familiar. (MARINONI, 2017, p. 971-973)

Em consonância com o posicionamento supra está Wambier (2017, p. 161), acrescentando que referido padrão médio deve ser pautado não nas condições de vida do próprio executado, embora embasado em estudos científicos regulamentados por órgãos especializados, a exemplo do IBGE. Em outras palavras, deve-se observar a indicação de um padrão médio de vida a fim de que a penhora incida sobre bens tidos como suntuosos à maioria da população, que não contribuem na manutenção da dignidade humana, nem no funcionamento da residência.

O Auxílio Emergencial, a título de benesse que garante a subsistência do recebedor, pode ser identificado como bem absolutamente impenhorável em virtude de seu enquadramento no inciso IV do artigo 833 do CPC. Isto porque o rol do referido inciso, conforme elucida Bueno (2020, p. 327), é exemplificativo, o que permite verificar o benefício ora discutido como "quantia destinada ao sustento do devedor e de sua família". Mesmo alocado em inciso distinto do objeto da análise doutrinária evidenciada, percebe-se uma analogia na interpretação dos casos dos incisos II ("os móveis, os pertences e as utilidades domésticas que guarnecem a residência do executado, salvo os de elevado valor ou os que ultrapassem as necessidades comuns correspondentes a um médio padrão de vida") e IV no que diz respeito à manutenção do padrão médio de vida. Nessa linha, enuncia Nery Junior (2018, p. 1907):

> O rol das impenhorabilidades deve ser interpretado levando em consideração um equilíbrio entre os valores da personalidade e os da tutela jurisdicional prometida constitucionalmente. Por um lado, não se pode deixar suscetível à penhora qualquer bem que não conste desse rol; em casos concretos, é preciso ir além do rol legal sempre que disso dependa a exclusão de bens indispensáveis ao executado, ali não indicados. Por outro lado, a tutela jurisdicional precisa ser adequada à situação pessoal do devedor.

O tópico da relativização da penhorabilidade ou não de benefícios não explicitados na legislação processual civil é ainda objeto de discussão de Cândido Rangel Dinamarco, que vê como essencial a verificação do equilíbrio entre as garantias dos direitos da personalidade e de uma tutela jurisdicional apropriada, conforme os ditames constitucionais. Para Dinamarco (2019, p. 359-360),

> A percepção do significado humano e político das impenhorabilidades impõe uma interpretação teleológica das disposições contidas nos arts. 833 e 834 do Código de Processo Civil, de modo a evitar, de um lado, sacrifícios exagerados ao devedor e seu patrimônio e, de outro, exageros de liberalização; a legitimidade dessas normas e de sua aplicação está intimamente ligada à sua inserção em um plano de indispensável equilíbrio entre o valor dos direitos da personalidade inerentes a todos ser humano e o da tutela jurisdicional prometida constitucionalmente – ambos dignos do maior realce na convivência social mas nenhum deles capaz de conduzir à irracional aniquilação do outro.
>
> Pelo primeiro desses aspectos (preservar a existência decente do devedor), entende-se que a tipificação contida nos arts 833 e 834 do Código de Processo Civil não chega a um ponto de rigor taxativo, que fosse capaz de deixar suscetível à penhora ou expropriação todo e qualquer bem ali não indicado, ainda quando indispensável à existência condigna; é legítimo e necessário ir além do rol legal sempre que, em casos concretos, disso dependa a exclusão de bens indispensáveis, ali não indicados. Na jurisprudência italiana de algumas décadas atrás viu-se o caso de um devedor ao qual se pretendia

> penhorar uma cadeira de rodas, o que foi repelido pela Corte Constitucional diante da óbvia consideração de que se tratava de um bem indispensável à vida de um devedor deficiente e pobre; e esse bem não é expressamente indicado em lei como impenhorável. Na mesma situação encontram-se as próteses aplicadas sobre o corpo do devedor, ainda quando valiosas, e também os jazigos de família, que são inalienáveis (Araken de Assis).
>
> Pelo aspecto da relevância social da tutela jurisdicional, é imperioso mitigar as impenhorabilidades, adequando as previsões legais ao objetivo de proteger o mínimo indispensável à vida.

A relativização da penhora dos bens elencados no artigo 833, IV, do CPC, é objeto de ampla discussão doutrinária quanto à possibilidade de realização de constrição para satisfazer prestação alimentícia, conforme prevê o parágrafo segundo do artigo mencionado. Nessa toada, a origem da obrigação é irrelevante, podendo decorrer do direito de família, de indenização por atos ilícitos ou que busquem a subsistência do sujeito. Em suma, identifica-se uma dupla de critérios que, cumulados, resultam na admissibilidade da penhora de quantias destinadas ao sustento do executado, sendo eles a existência de obrigação alimentícia e a observância e manutenção da razoabilidade e proporcionalidade da constrição, de modo a, mesmo com a penhora, salvaguardar a subsistência do devedor em padrão médio de vida.

Salienta-se que a previsão do § 2º do artigo 833 do CPC também prevê que a impenhorabilidade dos bens enunciados no inciso IV não ocorre em relação às importâncias que excedam o valor de 50 salários-mínimos mensais. Contudo tal hipótese é inaplicável à penhora do Auxílio Emergencial. Isto porque o benefício, concedido durante aproximadamente 18 meses, não soma quantia equivalente a 50 salários-mínimos mensais se consideradas todas suas parcelas, de modo que, em relação a tal trecho da norma, o BPC permanece como absolutamente impenhorável.

A penhora de benefícios de prestação continuada, portanto, apesar de ocorrer em casos demasiadamente específicos, não é impossível, havendo o estabelecimento de precedentes pela jurisprudência dos tribunais superiores. Exemplo é o que ocorre com o FGTS, cujo valor é passível de levantamento para fins de satisfação de crédito alimentar, a saber:

> RECURSO ESPECIAL. PROCESSUAL CIVIL. EXECUÇÃO. HONORÁRIOS SUCUMBENCIAIS. PENHORA. SALDO

DO FUNDO DE GARANTIA POR TEMPO DE SERVIÇO. FGTS. IMPOSSIBILIDADE.

1. Recurso especial interposto contra acórdão publicado na vigência do Código de Processo Civil de 1973 (Enunciados Administrativos nºs 2 e 3/STJ).

2. Cinge-se a controvérsia a verificar a possibilidade de penhora do saldo do Fundo de Garantia por Tempo de Serviço - FGTS para o pagamento de honorários de sucumbência.

3. O Superior Tribunal de Justiça, em linhas gerais, tem dado interpretação extensiva à expressão "prestação alimentícia" constante do § 2º do artigo 649 do Código de Processo Civil de 1973, afastando a impenhorabilidade de salários e vencimentos nos casos de pagamento de prestações alimentícias lato senso, englobando prestação de alimentos stricto senso e outras verbas de natureza alimentar, como os honorários advocatícios contratuais e sucumbenciais.

4. A hipótese dos autos não é propriamente de penhora de salários e vencimentos, mas, sim, de saldo do fundo de garantia por tempo de serviço - FGTS, verba que tem regramento próprio.

5. De acordo com o artigo 7º, III, da Constituição Federal, o FGTS é um direito de natureza trabalhista e social. Trata-se de uma poupança forçada do trabalhador, que tem suas hipóteses de levantamento elencadas na Lei nº 8.036/1990. O rol não é taxativo, tendo sido contemplados casos diretamente relacionados com a melhora da condição social do trabalhador e de seus dependentes.

6. Esta Corte tem admitido, excepcionalmente, o levantamento do saldo do FGTS em circunstâncias não previstas na lei de regência, mais especificamente nos casos de comprometimento de direito fundamental do titular do fundo ou de seus dependentes, o que não ocorre na situação retratada nos autos.

7. Recurso especial não provido.

> (REsp 1619868/SP, Rel. Ministro RICARDO VILLAS BÔAS CUEVA, TERCEIRA TURMA, julgado em 24/10/2017, DJe 30/10/2017).

O tratamento concedido ao Auxílio Emergencial tem sido semelhante, principalmente no que diz respeito à observação dos critérios doutrinários abordados. Apesar de o BPC ter sido estruturado em contexto de calamidade pública para garantir o sustento da população necessitada, sua penhorabilidade é admissível, conforme sustenta a jurisprudência. Nesse sentido, cabe destacar parecer do Tribunal de Justiça do Estado do Paraná a este respeito:

> AGRAVO DE INSTRUMENTO. AÇÃO DE ALIMENTOS EM FASE DE CUMPRIMENTO DE SENTENÇA. DECISÃO AGRAVADA QUE DETERMINOU A PENHORA DE 50% (CINQUENTA POR CENTO) DO AUXÍLIO EMERGENCIAL PAGO AO GENITOR. PRETENSÃO DE LEVANTAMENTO TOTAL DA PENHORA OU, SUBSIDIARIAMENTE DE REDUÇÃO. POSSIBILIDADE DE PENHORA DE VALOR REFERENTE AO AUXÍLIO EMERGENCIAL. INTELIGÊNCIA DO ART.833, § 2º. POSSIBILIDADE DE PENHORA POR SE TRATAR DE DÉBITO DECORRENTE DE PRESTAÇÃO ALIMENTÍCIA, MAS NÃO DO VALOR INTEGRAL. NECESSIDADE DE GARANTIR VIDA DIGNA AO DEVEDOR. RAZOÁVEL A PENHORA NO LIMITE DE 30% (TRINTA POR CENTO) DO AUXÍLIO EMERGENCIAL RECEBIDO PELO AGRAVANTE. RECURSO CONHECIDO E PARCIALMENTE PROVIDO.
>
> (TJPR – Décima Primeira Câmara Cível - 0043472-98.2021.8.16.0000 - Maringá - Relator: DESEMBARGADOR SIGURD ROBERTO BENGTSSON - Julgado em: 04.11.2021. Publicado em: 08.11.2021).

À vista disso, cabe inferir que a doutrina equipara o Auxílio Emergencial aos bens elencados pelo inciso IV do artigo 833 do CPC, enquanto bem absolutamente impenhorável, assim conceituado ante o rol exemplificativo do referido inciso. Contudo o caráter absoluto da impossibilidade de constrição pode ser relativizado se cumpridos e cumulados os critérios de a obrigação a cumprir possuir natureza alimentícia e de assegurar um padrão médio de vida ao executado. O teor decisório da ementa apresentado confirma a necessidade da existência cumulada de tal díade de requisitos, possibilitando a penhora do BPC, embora reduzindo em 20% da quantia penhorada para satisfazer prestação alimentar, na intenção de resguardar o princípio da dignidade da pessoa humana no caso em comento.

O posicionamento doutrinário vem em consenso tanto com o entendimento do CNJ quanto da própria legislação, em que pese a impossibilidade de utilização do valor do Auxílio Emergencial para saldar dívidas do beneficiário ou recompor saldos negativos, atrelada à recomendação para que os magistrados mantenham o BPC em caráter impenhorável, vez que se destina primordialmente ao auxílio no sustento do beneficiário frente à pandemia de coronavírus e, praticamente a título de ultima ratio, à satisfação de débito alimentar, caso em que deve ser bloqueado até 50% da prestação continuada.

Portanto, percebe-se um alinhamento da doutrina processual civil visando à salvaguarda do mínimo existencial da população, principalmente em tempos de pandemia e acentuação das desigualdades sociais, econômicas e políticas enraizadas na sociedade brasileira. A impenhorabilidade do Auxílio Emergencial, enquanto regra, limitada pela exceção em casos de dívida alimentícia, evidencia um direcionamento da norma à proteção à dignidade da pessoa humana e ao direito do executado de usufruir de padrões médios de vida.

O desafio, aparentemente, reside na conciliação entre tais meios de garantia a uma vida digna, ao menos no plano teórico, e a realidade prática do brasileiro, em época de intensificação das disparidades em todo o país, atreladas a uma iniciativa governamental que busca, presumivelmente, manter sua população no limiar da pobreza.

Enquanto o posicionamento doutrinário é base substancial para a impenhorabilidade do Auxílio Emergencial, há de ser considerada uma possível dissonância da abordagem jurisprudencial quanto à temática. Isto porque, em virtude da realidade prática enfrentada pelo Poder Judiciário brasileiro, devem ser contempladas diversas situações e relações jurídicas, propiciando uma variedade de precedentes e pareceres a respeito das teses analisadas.

Nesse sentido, como ponto de partida para a compreensão da realidade jurisprudencial dos tribunais brasileiros frente à penhorabilidade ou não do Auxílio Emergencial, tem-se o julgamento do Recurso Especial nº 1.935.102 – DF, pelo Superior Tribunal de Justiça, a seguir ementado:

> PROCESSUAL CIVIL. RECURSO ESPECIAL. EXECUÇÃO. PENHORA DE PERCENTUAL SOBRE AUXÍLIO EMER-

GENCIAL DA COVID-19 E SALÁRIO. VERBA REMUNERATÓRIA DE NATUREZA ALIMENTAR. IMPENHORABILIDADE, CONFORME ART. 833, IV, DO CPC, ART. 5º DA RESOLUÇÃO Nº 318 DO CNJ E ART. 2º, § 13º, DA LEI Nº 13.982/2020. EXCEÇÕES DISPOSTAS NO § 2º DO ART. 833 DO CPC: PAGAMENTO DE VERBA NÃO ALIMENTAR OU GANHOS DO EXECUTADO SUPERIORES A CINQUENTA SALÁRIOS-MÍNIMOS.

1. Ao limitar a atividade executiva, o legislador almejou escudar alguns bens jurídicos relevantes, como a dignidade do executado e o direito ao patrimônio mínimo, indicando um rol de bens impenhoráveis, em juízo apriorista de ponderação dos interesses envolvidos, malgrado uma interpretação teleológica das impenhorabilidades não impeça – a depender da situação em concreto, diante da finalidade da norma e em conformidade com os princípios da justiça e do bem comum – que referida proteção se estenda a outros bens indispensáveis ao devedor, ainda que não tipificados na legislação processual.

2. O auxílio emergencial concedido pelo Governo Federal (Lei n. 13.982/2020) para garantir a subsistência do beneficiário no período da pandemia pela covid-19 é verba impenhorável, tipificando-se no rol do art. 833, IV, do CPC.

3. A regra geral da impenhorabilidade dos vencimentos, dos subsídios, dos soldos, dos salários, das remunerações, dos proventos de aposentadoria, das pensões, dos pecúlios e dos montepios, bem como das quantias recebidas por liberalidade de terceiro e destinadas ao sustento do devedor e de sua família, dos ganhos de trabalhador autônomo e dos honorários de profissional liberal, poderá ser excepcionada, nos termos do art. 833, IV, c/c o § 2°, do CPC/2015, quando se voltar: I) para o pagamento de prestação alimentícia, de qualquer origem, independentemente do valor da verba remuneratória recebida; e II) para o pagamento de qualquer outra dívida não alimentar, quando os valores recebidos pelo executado forem superiores a 50 (cinquenta) salários mínimos mensais, ressalvadas eventuais particularidades do caso concreto. Em qualquer circunstância, deverá ser preservado percentual capaz de dar guarida à dignidade do devedor e da sua família.

> 4. As exceções à regra da impenhorabilidade não podem ser interpretadas de forma tão ampla a ponto de afastarem qualquer diferença entre as verbas de natureza alimentar e aquelas que não possuem tal caráter.
>
> 5. As dívidas comuns não podem gozar do mesmo status diferenciado da dívida alimentar a permitir a penhora indiscriminada das verbas remuneratórias, sob pena de se afastarem os ditames e a própria ratio legis do Código de Processo Civil (art. 833, IV, c/c o § 2°), sem que tenha havido a revogação do dispositivo de lei ou a declaração de sua inconstitucionalidade.
>
> 6. Na hipótese, trata-se de execução de dívida não alimentar (cédula de crédito) proposta por instituição financeira cuja penhora, via Bacen Jud, recaiu sobre verba salarial e verba oriunda do auxílio emergencial concedido pelo Governo Federal em razão da covid-19, tendo o Juízo determinado a restituição dos valores em razão de sua impenhorabilidade. Assim, tendo-se em conta que se trata de auxílio assistencial, que a dívida não é alimentar e que os valores são de pequena monta, com fundamento seja no art. 833, IV e X, do CPC, seja no disposto no art. 2º, § 3º, da Lei n. 13.982/2020, a penhora realmente deve ser obstada.
>
> 7. A verba emergencial da covid-19 foi pensada e destinada a salvaguardar pessoas que, em razão da pandemia, presume-se estejam com restrições em sua subsistência, cerceadas de itens de primeira necessidade; por conseguinte, é intuitivo que a constrição judicial sobre qualquer percentual do benefício, salvo para pagamento de prestação alimentícia, acabará por vulnerar o mínimo existencial e a dignidade humana dos devedores.
>
> 8. Recurso especial desprovido.
>
> (REsp n. 1.935.102/DF, relator Ministro Luis Felipe Salomão, Quarta Turma, julgado em 29/6/2021, DJe de 25/8/2021).

O caso em tela evidencia de maneira clara a abordagem prática da penhorabilidade do benefício de prestação continuada objeto deste estudo, vez que a principal controvérsia reside na possibilidade ou não da penhora de percentual do Auxílio Emergencial a fim de fazer cumprir sentença favorável à instituição financeira.

Quando em sede de julgamento de agravo de instrumento, sob os autos nº 0740356-29.2020.8.07.0000, o Tribunal de Justiça do Distrito Federal e Territórios pontuou a natureza do BPC como absolutamente impenhorável, podendo satisfazer o crédito do exequente apenas em casos excepcionais, como o de prestação alimentar, de maneira a garantir ao executado os rendimentos substanciais a sua sobrevivência e a de sua família. Salienta-se, ainda, o posicionamento da jurisprudência do TJDFT quanto à abordagem exemplificativa do artigo 833, IV, do CPC, caracterizando-o como numerus apertus e permitindo interpretação extensiva do texto processual civil, abrangendo, portanto, verbas como a oriunda do Auxílio Emergencial.

Na mesma linha, o Ministro Luis Felipe Salomão, relator do acórdão do Recurso Especial nº 1.935.102 – DF, aponta que as restrições à penhorabilidade visam ao equilíbrio do sistema de garantia de crédito e à manutenção da dignidade do executado. Logo, contextualiza-se a crise acarretada pela pandemia de Covid-19 como situação atípica que exigiu do governo federal a tomada de atitudes que assegurassem ao brasileiro um sustento adequado para enfrentamento das mazelas que se desencadearam desde então.

À vista disso, o benefício do Auxílio Emergencial passou a ser contemplado pela interpretação extensiva do artigo 833, IV, do CPC, a fim de salvaguardar o mínimo existencial inerente (ao menos em teoria) à população brasileira, conforme o próprio ministro elucida:

> Isso porque, ao limitar a atividade executiva, o legislador almejou escudar alguns bens jurídicos relevantes, como a dignidade do executado e o direito ao patrimônio mínimo, que, por estarem atrelados a direitos fundamentais, não podem escapar dos olhos do intérprete: (...).
>
> É certo que o legislador indicou um rol de bens impenhoráveis, em juízo apriorista de ponderação dos interesses envolvidos em prol do executado, malgrado não impeça, a depender da situação em concreto e do intuito da norma, que se estenda à referida proteção.
>
> (STJ - REsp n. 1.935.102/DF, Relator: Ministro LUIS FELIPE SALOMÃO, Data de Julgamento: 29/06/2021, T4 - QUARTA TURMA, Data de Publicação: DJe 25/08/2021)

O parecer do ministro evidencia um viés finalista na uniformização de precedentes no Poder Judiciário brasileiro. Em outras palavras, a interpretação extensiva da impenhorabilidade do Auxílio Emergencial ocorre de forma que seja evitada a violação de um direito fundamental em detrimento de outro, protegendo o executado e seu patrimônio de eventual liberalização descomedida. Nesse sentido, em alusão ao raciocínio de Cândido Dinamarco, anteriormente explicitado, verifica-se, em dimensões práticas o equilíbrio entre direitos da personalidade, inatos aos seres humanos, e a tutela jurisdicional prevista no texto constitucional, para que ambos se sustentem mutuamente sem que nenhum sobreponha-se ou afaste plenamente o outro.

O Tribunal de Justiça do Estado do Paraná segue entendimento semelhante ao do Superior Tribunal de Justiça, ratificando a uniformização jurisprudencial quanto à matéria, a saber:

> AGRAVO DE INSTRUMENTO. EXECUÇÃO DE TÍTULO EXTRAJUDICIAL. DECISÃO IMPUGNADA QUE NÃO RECONHECEU A IMPENHORABILIDADE DAS VERBAS BLOQUEADAS NAS CONTAS DOS EXECUTADOS. ALEGAÇÃO DE QUE OS VALORES DECORREM DE AUXÍLIO EMERGENCIAL OU POSSUEM NATUREZA SALARIAL. IMPENHORABILIDADE DOS VALORES. RESOLUÇÃO 318 DO CNJ. VERBAS DE NATUREZA ALIMENTAR. AUSÊNCIA DE ELEMENTOS NOS AUTOS CAPAZES DE DEMONSTRAR QUE A PENHORA DOS VALORES NÃO ACARRETARÁ PREJUÍZOS À VIDA DIGNA DOS DEVEDORES E SEUS FAMILIARES. DECISÃO REFORMADA. RECURSO CONHECIDO E PROVIDO.
>
> (TJPR - 13ª C.Cível - 0069285-64.2020.8.16.0000 - Cascavel - Rel.: JUIZ DE DIREITO SUBSTITUTO EM SEGUNDO GRAU VICTOR MARTIM BATSCHKE - J. 04.02.2022).

Em situação semelhante, em que também foi decidido pelo levantamento dos valores penhorados, eis que provenientes do Auxílio Emergencial, a Juíza de Direito Vânia Kramer, no julgamento do feito que tramitou sob os autos nº 0011215-20.2021.8.16.0000, seguiu a linha de pensamento verificada nas decisões até então estudadas, sustentando que:

> Desta forma, considerando que os recursos financeiros do agravante são essenciais para sua sobrevivência e de sua família, em razão da proteção à dignidade da pessoa humana, com a manutenção do mínimo existencial e de um padrão de vida digno em favor do agravante e de seus dependentes e, tendo em vista que as exceções previstas no art. 833, § 2º, do Código de Processo Civil não se amoldam ao caso

> específico discutido nos autos, impõe-se reconhecer a impenhorabilidade das verbas percebidas pelo agravado à título de auxilio emergencial. Insta ressaltar, que a alegação da parte agravante de que a acumulação do auxílio emergencial com a verba do mês anterior descaracterizaria a natureza alimentar do benefício é descabida, na medida em que, não existe qualquer previsão legal neste sentido. Ademais, ainda que se considere o acúmulo das parcelas o montante gerado se mostra de diminuta expressão econômica, sendo capaz de prejudicar a subsistência do agravado.
>
> (AI n. 0011215-20.2021.8.16.0000, Relatora: Juíza de Direito Substituta em Segundo Grau Vania Maria da Silva Kramer, Data de Julgamento: 26/07/2021, 16ª Câmara Cível, Data de Publicação: DJe 30/07/2021)

A impenhorabilidade de referido Benefício de Prestação Continuada, todavia, encontra determinadas exceções, conforme salientado pela ementa do julgamento do REsp nº 1.935.102 – DF, ao pontuar a viabilidade da constrição caso seja destinada ao pagamento de prestação alimentícia, de qualquer origem e independentemente do valor da verba recebida, e/ou ao pagamento de dívidas não alimentares caso os valores recebidos pelo devedor excedam a 50 salários-mínimos mensais, atentando-se às circunstâncias do caso concreto. Tal ponderação, portanto, uma vez contraposta à regra da impenhorabilidade como modo de garantir ao devedor o mínimo existencial, resulta na necessidade, em qualquer hipótese, de preservação de percentual capaz de salvaguardar a dignidade do executado e de seus familiares.

Em termos práticos, o entendimento do Superior Tribunal de Justiça se dá no sentido de permitir a realização de penhora sobre os valores oriundos do Auxílio Emergencial, restringindo a incidência da constrição a determinada fração do benefício, em tentativa de simultaneamente satisfazer o crédito do exequente e assegurar ao devedor a sobrevivência digna a que teria direito. O valor de tal fração, contudo, é particular a cada caso concreto, como evidenciam os seguintes casos julgados pelo TJPR, doravante ementados:

> AGRAVO DE INSTRUMENTO. EXECUÇÃO DE ALIMENTOS. DECISÃO AGRAVADA QUE INDEFERIU O PEDIDO DO ALIMENTADO DE PENHORA DE PERCENTUAL DO AUXÍLIO EMERGENCIAL RECEBIDO PELO ALIMENTANTE. INSURGÊNCIA DO ALIMENTADO. PLEITO DE

PENHORA DE 50% DO AUXÍLIO EMERGENCIAL DO EXECUTADO. PARCIAL ACOLHIMENTO. EXECUÇÃO DE VERBA ALIMENTAR QUE SE DESTINA AO SUSTENTO DO EXEQUENTE. ART. 833, §2º, DO CPC. AUXÍLIO EMERGENCIAL QUE COMPORTA A PROTEÇÃO DO DIREITO DE AMBAS AS PARTES. NECESSIDADE, TODAVIA, DE SE PRESERVAR PERCENTUAL SUFICIENTE PARA ASSEGURAR A SUBSISTÊNCIA DO AGRAVADO NESSE MOMENTO DE CRISE. DEFERIMENTO DE PENHORA DE 33% DO BENEFÍCIO FINANCEIRO. RECURSO CONHECIDO E PARCIALMENTE PROVIDO.

(TJPR - 11ª C.Cível - 0050122-64.2021.8.16.0000 - Maringá - Rel.: JUÍZA DE DIREITO SUBSTITUTO EM SEGUNDO GRAU LUCIANE DO ROCIO CUSTÓDIO LUDOVICO - Julgado em 02.03.2022. Publicado em 09.03.2022).

AGRAVO DE INSTRUMENTO. AÇÃO DE ALIMENTOS EM FASE DE CUMPRIMENTO DE SENTENÇA. DECISÃO AGRAVADA QUE DETERMINOU A PENHORA DE 50% (CINQUENTA POR CENTO) DO AUXÍLIO EMERGENCIAL PAGO AO GENITOR. PRETENSÃO DE LEVANTAMENTO TOTAL DA PENHORA OU, SUBSIDIARIAMENTE DE REDUÇÃO. POSSIBILIDADE DE PENHORA DE VALOR REFERENTE AO AUXÍLIO EMERGENCIAL. INTELIGÊNCIA DO ART.833, § 2º. POSSIBILIDADE DE PENHORA POR SE TRATAR DE DÉBITO DECORRENTE DE PRESTAÇÃO ALIMENTÍCIA, MAS NÃO DO VALOR INTEGRAL. NECESSIDADE DE GARANTIR VIDA DIGNA AO DEVEDOR. RAZOÁVEL A PENHORA NO LIMITE DE 30% (TRINTA POR CENTO) DO AUXÍLIO EMERGENCIAL RECEBIDO PELO AGRAVANTE. RECURSO CONHECIDO E PARCIALMENTE PROVIDO.

(TJPR - 11ª C.Cível - 0043472-98.2021.8.16.0000 - Maringá - Rel.: DESEMBARGADOR SIGURD ROBERTO BENGTSSON - Julgado em 04.11.2021. Publicado em 08.11.2021).

AGRAVO DE INSTRUMENTO. EXECUÇÃO DE ALIMENTOS. PENHORA DE VALOR REFERENTE AO AUXÍLIO EMERGENCIAL. ACÚMULO DAS PARCELAS DO BENEFÍCIO. POSSIBILIDADE. INTELIGÊNCIA DO ART.833, § 2º. POSSIBILIDADE DE PENHORA POR SE TRATAR DE DÉBITO DECORRENTE DE PRESTAÇÃO ALIMENTÍCIA. PENHORA QUE NO CASO DEVE SER PARCIAL

> DE MODO A ASSEGURAR UM PADRÃO MÍNIMO DE VIDA DIGNA AO DEVEDOR. AGRAVANTE PORTADOR DE ESQUIZOFRENIA COM INCAPACIDADE TOTAL E PERMANENTE PARA A ATIVIDADE LABORAL. RAZOÁVEL A PENHORA NO LIMITE DE 40% DO AUXÍLIO EMERGENCIAL RECEBIDO PELO AUTOR. RECURSO CONHECIDO E PROVIDO EM PARTE.
>
> (TJPR - 11ª C.Cível - 0019276-64.2021.8.16.0000 - Andirá - Rel.: DESEMBARGADOR SIGURD ROBERTO BENGTSSON - Julgado em 28.06.2021. Publicado em 28.06.2021).

Com a garantia dos direitos da personalidade em equilíbrio com o oferecimento de uma tutela jurisdicional constitucionalmente firmada, o voto do ministro Luis Felipe Salomão, no julgamento do recurso especial que norteia a presente análise jurisprudencial, orienta que a exceção à impenhorabilidade legal deve ser pautada segundo o critério escolhido pelo legislador para flexibilizar a regra da impenhorabilidade, a depender da natureza do crédito, que deverá ser diferenciado em alimentar ou não.

Outro critério a ser observado reside na hipótese de o valor a ser penhorado ser excedente de 50 salários-mínimos mensais recebidos pelo executado. Apesar de o recebimento de referida quantia ser, na atualidade, característica de uma parcela ínfima de brasileiros, o ministro destaca tal particularidade como forma de ilustrar a natureza relativa da impenhorabilidade de verbas salariais. Todavia, como o Auxílio Emergencial é, por excelência, destinado a cidadãos hipossuficientes, cuja renda mensal não vislumbra a importância de 50 salários-mínimos, a probabilidade de ocorrer a penhora do BPC por exceder a quantia prevista em lei acaba tornando-se irrisória.

Considerando, portanto, que a verba eventualmente constrita a título de Auxílio Emergencial não atinge patamar excedente a 50 salários-mínimos e é destinada a sujeitos que não possuem tamanho rendimento, descarta-se a possibilidade de penhora do BPC por exceder o valor previsto na exceção à impenhorabilidade de verba salarial para satisfazer crédito não alimentar, nos termos do artigo 833, § 2º, do Código de Processo Civil.

Nessa linha, destaca-se colocação do Tribunal de Justiça do Estado de São Paulo, em consonância com o entendimento do STJ e aludindo à norma processual civil de impenhorabilidade de valores até 40 salários-mínimos anotados em caderneta de poupança (CPC, artigo 833, X), demonstrando a impossibilidade de penhora do Auxílio Emergencial por transcender a quantia prevista em lei:

> AGRAVO DE INSTRUMENTO. EXECUÇÃO. Penhora online. Constrição no banco Caixa Econômica Federal de quantia constante na conta bancária da executada. Alegação de que a constrição abrangeu quantia referente a auxílio emergencial, depositado em conta poupança, sendo, portanto, impenhorável. O valor auxílio emergencial percebido em conta bancária deve permanecer intocado. Demonstrado o caráter alimentar da verba constrita. Alegação de que a constrição que abrangeu quantia depositada inferior a quarenta salários-mínimos, sendo, portanto, impenhorável. Impenhorabilidade demonstrada. O STJ consolidou entendimento de que, até o limite de 40 (quarenta) salários-mínimos depositados em qualquer tipo de conta bancária, a impenhorabilidade há de ser respeitada. Decisão reformada. RECURSO PROVIDO.
>
> (TJSP; Agravo de Instrumento 2109074-86.2022.8.26.0000; Relator (a): Afonso Bráz; Órgão Julgador: 17ª Câmara de Direito Privado; Foro de Osasco - 2ª. Vara Cível; Data do Julgamento: 07/07/2022; Data de Registro: 07/07/2022).

O julgamento do recurso especial nº 1.935.102 – DF permite compreender inequivocadamente o enquadramento do Auxílio Emergencial no panorama jurisprudencial brasileiro. Ao elencá-lo como verba de natureza salarial, o BPC adequa-se enquanto objeto de impenhorabilidade absoluta, estando consoante a recomendação do Conselho Nacional de Justiça e o rol exemplificativo do artigo 833, IV, do Código de Processo Civil. Logo, viabiliza-se a garantia de um mínimo necessário para a sobrevivência do sujeito e de seus familiares, preservando as motivações primordiais do legislador ao instituir referido benefício.

No âmbito processual, cabe inferir que a penhorabilidade do Auxílio Emergencial, por ser contemplado como verba salarial, segue as mesmas regras que as demais quantias caracterizadas pelo artigo 833, IV, do CPC, devendo ser objeto de bloqueio judicial apenas em casos de necessidade de satisfação de crédito alimentar e, em caso de verbas não alimentares, somente no que exceder a 50 salários-mínimos mensais, embora esta última possibilidade seja descartada aos recebedores do BPC em virtude da hipossuficiência necessária para que sejam beneficiários desse programa.

Assim sendo, entende-se que, mesmo não mencionado de modo explícito pela legislação processual civil, o Auxílio Emergencial, também no campo da jurisprudência, sustenta caráter impenhorável, excetuando-se os casos de prestação alimentar. Dessa maneira, prima-se pela garantia da preservação da dignidade do executado, ao mesmo tempo que se assegura a prestação da tutela jurisdicional firmada constitucionalmente na salvaguarda do viés assistencial em que se pauta o benefício de prestação continuada ora em questão.

Desse modo, infere-se que, de fato, o Auxílio Emergencial detém caráter impenhorável, seja em virtude do rol exemplificativo de verbas salariais identificado pelo artigo 833, IV, do CPC, seja na análise casuística ou no emprego da verba do BPC para providenciar o adimplemento de obrigações não alimentícias.

O embasamento doutrinário permite constatar que, por constituir verba de natureza alimentar, e, portanto, munida de viés assistencial, o Auxílio Emergencial não deve ser objeto de constrição judicial para assegurar a satisfação de eventual débito que o beneficiário venha a constituir. Todavia, deve ser observada a natureza das obrigações por cumprir, vez que aquelas de caráter alimentício viabilizam a penhora, ainda que parcial do BPC, na tentativa de equilibrar as necessidades de o executado prestar alimentos e de ser alimentado, permitindo que parte da verba seja, em abordagem particular a cada caso, constrita.

Na mesma linha, a jurisprudência endossa o posicionamento da doutrina ao garantir a impenhorabilidade do Auxílio Emergencial em situações de obrigações por adimplir. Ademais, verifica-se o perfil uniformizado e verticalizado do padrão decisório dos tribunais, vez que o parecer firmado pelo Ministro Luís Felipe Salomão, no julgamento do recurso especial nº 1.935.102 – DF, elucida condutas replicadas pelos tribunais estaduais, identificando uma jurisprudência consonante no tangente à matéria.

Ainda, o estudo do acórdão do recurso supramencionado confirmou o alinhamento jurisprudencial com as disposições legislativas, sejam estas vindas do próprio CPC, sejam oriundas da Lei nº 13.982/2020 e subsequentes. Desta última lei, destaca-se o artigo 2º, § 13º, que preconiza a impossibilidade de bloqueio judicial do Auxílio Emergencial para satisfação de crédito de instituição financeira, norma aplicada de modo escorreito pelo ministro.

Outro posicionamento adotado pela jurisprudência, de modo correspondente às expectativas geradas ao longo da investigação, foi o de consonância com o disposto pelo Conselho Nacional de Justiça, que recomendou que fosse evitada a constrição do BPC em caso de o sujeito beneficiário figurar como executado em demanda judicial. Assim sendo, confirma-se a hipótese de garantia do mínimo existencial da população brasileira hipossuficiente, ao menos no que diz respeito à manutenção do recebimento da verba emergencial para assegurar seu sustento em época de pandemia.

Ante a análise comparativa da legislação, pôde-se compreender que os entraves sociais provocados pelo Auxílio Emergencial se centraram principalmente em retardar o aumento do número de brasileiros em situação de pobreza e pobreza extrema. A quantia inicial do BPC, fixada em R$ 600, permitiu uma certa sobrevida ao beneficiário, de modo a evitar que um grande número de brasileiros cruzasse a linha da pobreza quando do estopim da pandemia.

À medida que houve o prolongamento da pandemia, no entanto, o valor destinado ao Auxílio Emergencial foi gradativamente reduzido, até sua extinção no final de 2021. Apesar de seu papel crucial ao evitar que mais brasileiros fossem enquadrados em situação de pobreza, a diminuição de seu valor simultaneamente ao aumento dos índices de inflação representou uma das consequências sociais mais negativas da benesse. Em junho de 2022, o IBGE media um IPCA acumulado de 12 meses atingindo um percentual de aproximadamente 12%, representando uma alta considerável no custo de vida do brasileiro, que conta cada vez menos com a quantia necessária para sua subsistência.

Ainda, o IBGE, em Síntese de Indicadores Sociais, comparou os percentuais de brasileiros em situação de pobreza e pobreza extrema desde 2012, simulando, ainda, a parcela de brasileiros que teriam cruzado tal linha caso não contassem com benefícios de programas sociais. O resultado não foge do esperado: os programas sociais permitiram uma singela redução dos percentuais, o que indica o cumprimento, em certas proporções, da meta de benesses como o Auxílio Emergencial na garantia do mínimo existencial para sobreviver dignamente. Todavia, o levantamento realizado identificou um aumento de 28% (2019) para 32% (2020) na faixa de indivíduos abaixo da linha da pobreza, caso não tivessem sido concedidas as verbas assistenciais, evidenciando, de modo mais realista, o impacto das transformações socioeconômicas ocorridas ao longo da pandemia, conforme depreende-se, a título de ilustração, do gráfico a seguir:

Figura 1 – Proporção de pessoas, por classes de rendimento domiciliar per capita selecionadas, com e sem benefícios de programas sociais

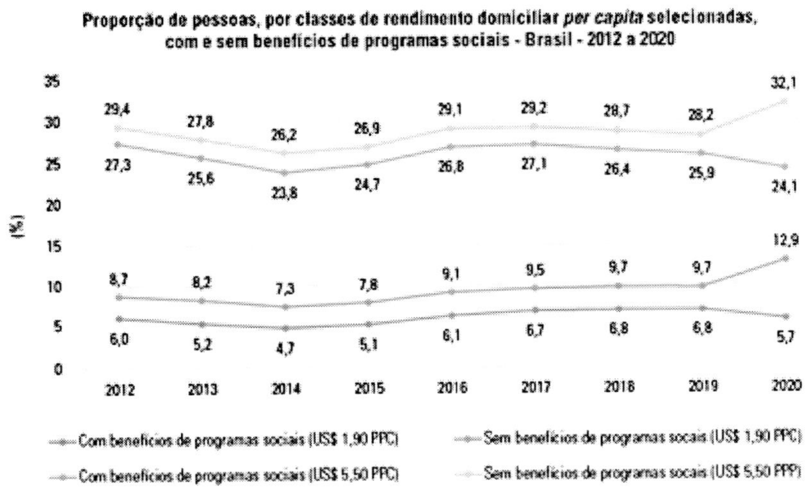

Fonte: IBGE (2021)

Ante o exposto, percebe-se que os reflexos do Auxílio Emergencial na sociedade brasileira, por um breve momento, garantiram a subsistência do beneficiário ao longo da pandemia. A legislação compatível foi igualmente respeitada e endossada pela jurisprudência, uniformizada e verticalizada pelos tribunais a fim de enquadrar o BPC no rol de verbas previsto no artigo 833, IV, do CPC, garantindo ao executado a assistência necessária para uma vida digna. No entanto, a redução do valor do Auxílio Emergencial, concomitantemente a um avanço desenfreado de complicações como a inflação, desemprego e baixo crescimento econômico significou também o aumento da dificuldade de garantir o mínimo existencial à subsistência da população socialmente vulnerável.

Tem-se, portanto, que o contexto de pandemia vivido implicou uma série de modificações nos padrões de vida de toda a população global e em uma gama de medidas governamentais voltadas à manutenção do mínimo existencial dos habitantes de cada país. No Brasil, a promoção do Auxílio Emergencial revelou-se uma estratégia essencial do governo federal para garantir o sustento da população hipossuficiente em tempos pandêmicos, vez que forneceu verbas que viabilizaram, cada caso à sua maneira, a subsistência dos beneficiários em tempos de crise.

À vista disso, cabe primeiramente evidenciar o papel do Poder Judiciário em salvaguardar tal quantia para que seja devidamente utilizada pela população que dela necessita. Percebeu-se que os ditames doutrinários foram amplamente voltados à proteção do Auxílio Emergencial, destacando, neste caso, sua natureza de verba impenhorável. Ao enquadrar o BPC no rol exemplificativo do artigo 833, IV, do CPC, firmou-se não somente a impenhorabilidade do benefício como também seu papel como quantia necessária ao sustento do sujeito que dela usufrui, bem como de seus familiares. Logo, viável sua constrição apenas a fim de satisfazer eventuais débitos alimentares em que o beneficiário figure como alimentante.

Na jurisprudência, verifica-se a conformidade do posicionamento dos magistrados com o positivado em doutrina, eis que o Auxílio Emergencial se manteve impenhorável, com exceções para satisfação de dívidas alimentares, podendo ser constrito até o limite de 50%. Dessa maneira, identifica-se, como um todo, o papel dos profissionais do direito em garantir à população hipossuficiente o mínimo existencial para sua subsistência, direito fundamental a todos os brasileiros, especialmente em épocas críticas como a que se passa atualmente.

Dessa maneira, constata-se um esforço conjunto dos profissionais de direito na promoção do benefício emergencial, considerando a atuação de maneira a garanti-lo como verba impenhorável e alimentar para que o beneficiário não viesse a arcar com o comprometimento dessa quantia a fim de satisfazer eventual débito que ostentasse. Nesse sentido, o papel do Poder Judiciário na manutenção da benesse em sua essência foi substancial para que tivesse o alcance almejado, garantindo a uma série de brasileiros o mínimo existencial para o combate à crise corrente e agravada pela pandemia de Covid-19.

A proposta do BPC, quando da elaboração do programa por meio da Lei nº 13.982/2020, consistia na identificação de padrões de vulnerabilidade social a fim de promover políticas sociais voltadas ao enfrentamento da pandemia pela população hipossuficiente. À vista disso, a quantia fornecida pelo governo federal veio no intuito, principalmente, de salvaguardar o mínimo existencial da população vulnerável e garantir sua subsistência em tempos de crise.

A medida implicou, em termos práticos, na manutenção do percentual de cidadãos brasileiros abaixo das linhas de pobreza e pobreza extrema, com pouca variação mesmo se comparado aos anos anteriores. Todavia, a redução do valor do BPC concomitantemente ao aumento dos índices de inflação e deficit econômico trouxeram ao país uma realidade de aumento da população empobrecida, considerando a redução de poder de compra dos cidadãos simultaneamente à constante alta de preços de produtos essenciais ao sustento do sujeito.

Há de se mencionar que a política do Auxílio Emergencial, desde o princípio, foi pautada na concessão temporária de determinada verba, sendo tal valor alterado no decorrer dos meses em que o benefício era concessível. Em outras palavras, a intenção do BPC nunca foi a de perdurar ao longo dos anos, mas de prover sustento ao beneficiário durante o período emergencial. Dessa forma, impermanência e inconstância do Auxílio Emergencial, enquanto verba ou benesse propriamente dita, não deve ser tida como fator determinante para o aumento dos percentuais de brasileiros em situação de pobreza e extrema pobreza. Deve-se atentar, neste caso, a uma série de outras medidas governamentais que, quiçá, pudessem ter garantido à economia brasileira um melhor direcionamento no decorrer da crise.

Logo, considerando que o BPC se prestou a garantir o mínimo existencial, dispensando um viés de redução de desigualdades, é possível inferir que houve determinado sucesso no período em que vigorou, haja vista a salvaguarda do necessário para que o cidadão brasileiro socialmente vulnerável pudesse assegurar seu próprio sustento e o de seus familiares durante a pandemia.

Como se demonstrou, não houve óbice doutrinário ou jurisprudencial acerca da indispensabilidade do Auxílio Emergencial concedido, de maneira que sua importância não passa despercebida, seja pelos olhos de quem o garante, seja pelos de quem o recebe. Todavia, a função do benefício nunca foi a de (re)aproximar extremos sociais ou de fomentar a mobilidade social das parcelas hipossuficientes, mas sim assegurar que passassem pelo período pandêmico com o mínimo necessário para sustentar-se. Assim sendo, os entraves sociais ocasionados pela implementação do Auxílio Emergencial, bem como pela alteração de seus valores e sua inevitável extinção não se tornam inválidos, embora devam ser contemplados sob a ótica da natureza transitória e garantista do benefício.

A análise da penhorabilidade do Auxílio Emergencial não deve ser restrita a apenas uma ótica específica. A pluralidade de fatores que originaram o benefício a ser aplicado no enfrentamento da crise multisetorial que assola o Brasil atualmente aponta para um estudo igualmente multifacetado. De tal modo, resta inviável a investigação unicamente jurídica de seus desdobramentos, sem que sejam contemplados, ainda que de modo coadjuvante, os aspectos sociais, econômicos e políticos que deram base à benesse e que, no decorrer do período concessível, foram transformando-se com ela.

Ademais, verificou-se que os posicionamentos doutrinário e jurisprudencial seriam consonantes a respeito da impossibilidade de constrição do BPC, inclusive com pareceres uníssonos e verticalizados proferidos pelos magistrados dos tribunais examinados.

Na mesma linha, foi possível compreender de maneira mais contundente a diferenciação de uma perspectiva de vida digna e de uma vida mantida pelo necessário para subsistir, vez que os caminhos indicados pelo estudo demonstram que nem sempre tais percepções permanecem sinônimas. A salvaguarda apenas do necessário pode não implicar na garantia de um padrão de vida considerado digno, da mesma forma que a dignidade humana não deveria ser assegurada somente com a garantia de um mínimo. A realidade brasileira demonstra por si que ambas as percepções não são alcançadas simultaneamente de forma simples, especialmente considerando a realidade de mazelas enfrentada pela população nos tempos atuais.

Frisa-se, novamente, que o caráter temporário do Auxílio Emergencial é atrelado muito mais a ideais de subsistência que de mobilidade social e redução de desigualdades, embora uma de suas claras consequências tenha sido a prevenção — que ainda pode se revelar como mero atraso — de um aumento maior da disparidade do poderio econômico dos brasileiros.

É de tal modo, portanto, que se torna substancial a proteção aos direitos das populações hipossuficientes, já que a realidade de crise não costuma favorecer parcelas com menos recursos. A garantia de usufruto do Auxílio Emergencial, ainda que face à necessidade de satisfação de créditos exigidos em campo judicial, deve prevalecer enquanto direito fundamental do brasileiro, sob pena de ferimento a seu mínimo existencial para subsistir e prover a mesma subsistência a seus familiares.

Nesse sentido, entende-se que a aplicabilidade do artigo 833, IV, do CPC, ao Auxílio Emergencial, o que o assegura impenhorabilidade ante sua natureza alimentar — conforme entendimento firmado doutrinária e jurisprudencialmente — foi responsável por assegurar a uma parcela considerável de brasileiros o mínimo necessário para subsistir em tempos de crise e de pandemia. Deve-se cuidar, no entanto, para que persista o esforço pela garantia de uma vida digna a todos, intensificando-se, por meio de medidas governamentais ou independentes, o combate a diversas adversidades que permanecem endêmicas em território nacional.

3

PENHORA DO BEM DE FAMÍLIA DO FIADOR EM CONTRATOS DE LOCAÇÃO

Emily Cavali da Costa Meira

INTRODUÇÃO

Conforme previsto constitucionalmente, o acesso à justiça é um direito fundamental inerente à proteção do princípio da dignidade da pessoa humana (artigo 5º, XXXV da CF), que garante a todos a possibilidade de pleitear uma tutela jurisdicional do Estado. No momento em que há a procura pelo Poder Judiciário para obter essa tutela tempestiva, justa e adequada, depara-se com outro princípio constitucional, o direito de ação, que é uma garantia a um pronunciamento estatal para a resolução de litígio, em busca de se ter um direito reconhecido entre as partes.

Contudo, uma vez reconhecido tal direito, é necessário garantir à parte a efetividade dessa tutela jurisdicional legitimada, uma vez que o direito material por si só não traz o cumprimento das obrigações reconhecidas no título judicial, conforme doutrina abalizada:

> O direito de ação, atualmente, deve permitir ou viabilizar o efetivo alcance das tutelas prometidas pelo direito material. Deve "permitir ou viabilizar" porque a tutela do direito somente é prestada quando o direito material é reconhecido no caso concreto. Mas, quando o direito é reconhecido, a tutela jurisdicional há de ser efetiva. (MARINONI, 2020, p. 40).

Dessa maneira, insere-se a atividade satisfativa como função do Poder Judiciário, a qual é exercida por meio do cumprimento de sentença ou pelo próprio processo de execução.

Sendo assim, os direitos potestativos reconhecidos, em sentença ou em título extrajudicial, necessitam de uma efetivação, portanto, nasce o direito a uma prestação, que confere o poder a alguém de exigir o cumprimento de uma prestação (conduta) a outrem no caso de não cumprimento da obrigação, ou inadimplemento.

A efetivação da obrigação dar-se-á por meio da execução, e como conceitua Fredie Didier, "Executar é satisfazer uma prestação devida. A execução pode ser espontânea, quando o devedor cumpre voluntariamente a prestação, ou forçada, quando o cumprimento da prestação é obtido por meio da prática de atos executivos pelo Estado" (DIDIER JÚNIOR, 2021, p. 51).

A tutela executiva dá ao Estado-juiz meios coercitivos para o cumprimento forçado da obrigação, uma vez que a conduta prática do devedor pode consistir na prestação de fazer e não fazer ou a entrega da coisa, sendo essas obrigações específicas e, pagamento da quantia certa, que é uma obrigação genérica, conforme doutrina balizada:

> Para cada espécie de prestação, haverá uma ou algumas técnicas específicas, elencada pela lei. Para as prestações de fazer e não fazer, a lei autoriza o emprego da multa coercitiva, ou da sub-rogação da prestação a terceiros, ou ainda permite a conversão da obrigação em perdas e danos. Para as prestações de entrega de coisa, em regra elas se resolvem em ordens de busca e apreensão ou de imissão na posse. Finalmente, para prestações pecuniárias, normalmente serão satisfeitas por sub-rogação patrimonial, ou seja, pela expropriação do patrimônio do devedor (ou, eventualmente, de terceiros) para a quitação do débito. Em suma, pode-se ver que o Código brasileiro adota diferentes soluções, pautando-se especialmente na origem do documento que autoriza o início da atividade executiva. (MARINONI; ARENHART; MITIDIERO, 2020, p. 514).

A técnica executiva utilizada para forçar o cumprimento de uma obrigação do pagamento da quantia certa é o procedimento da penhora, e conforme o disposto no artigo 798 do CPC, "O devedor responde com todos os seus bens presentes e futuros para o cumprimento de suas obrigações, salvo as restrições estabelecidas em lei". Referido artigo traz a aplicação do princípio da responsabilidade patrimonial, na medida em que os bens/patrimônio do devedor ficam sujeitos à penhora.

Contudo, para que todos os princípios constitucionais fossem respeitados, o legislador estabeleceu limites à aplicação do princípio da responsabilidade patrimonial da tutela executiva, para evitar abusos e buscar um equilíbrio entre as partes. Portanto, diante de algumas restrições legais, certos bens tornaram-se inalienáveis e impenhoráveis, tratados pelos artigos 833 e 834 do CPC:

> Os bens inalienáveis são aqueles que não podem ser dispostos pelo seu titular, isto é, aqueles que não podem ser tornados alheios ao seu proprietário. Com efeito, aquilo que não pode ser retirado do patrimônio do devedor (ou responsável) também não poderá ser penhorado, notadamente porque se trata de medida que objetiva, em última análise, a expropriação do bem. (ALVIM; GRANADO; FERREIRA, 2019, p. 2092).

Um exemplo de impenhorabilidade é o do bem de família, previsto no artigo 5º da Lei nº 8.009/90, definido como a residência um único imóvel utilizado pelo casal ou pela entidade familiar para moradia permanente.

Para entender um pouco mais sobre essa proteção, é necessário compreender quais garantias constitucionais que fundamentaram o estabelecimento dos limites à aplicação do princípio da responsabilidade patrimonial.

A Emenda Constitucional 26, de fevereiro de 2000, introduziu o direito à moradia ao rol dos direitos sociais previsto no artigo 6º da CF/88. O legislador constituinte justifica essa inclusão tendo em vista as más condições de moradia dos brasileiros, procurando melhora da situação de vida dos hipossuficientes, a concretização da igualdade social e o respeito à dignidade da pessoa humana, conforme preceitua o artigo 1º, incisos III e IV da CF.

O Código Civil brasileiro de 1916 leciona que o escopo do bem de família era o de garantir à família uma habitação inacessível à ação de credores.

Assim, como forma de garantir o direito da dignidade da pessoa humana e o direito à moradia, a Lei nº 8.009/90 determinou a impenhorabilidade deste bem de família, ou seja, o legislador preocupou-se em proteger esses institutos. Para Humberto Theodoro Júnior, "prevalece, na espécie, além do resguardo da dignidade da pessoa humana, o intuito de evitar penhora sobre bens que geralmente não encontram preços significativos na expropriação judicial e cuja privação pode acarretar grandes sacrifícios de ordem pessoal e familiar para o executado" (THEODORO JÚNIOR, 2017, p. 374).

Entretanto referida lei também previu exceções à impenhorabilidade, como o inciso VII do artigo 3º, ao permitir a penhora do bem de família por obrigação decorrente de fiança concedida em contrato de locação.

Nesse mesmo sentido, em recente julgamento, o Supremo Tribunal Federal reconheceu a constitucionalidade da penhora do bem de família do fiador na locação de imóvel não residencial, diante da referida exceção e em observância ao princípio da autonomia da vontade humana a contratação livremente ajustada. Anteriormente a isso, o Tema nº 295 de repercussão geral já havia previsto essa possibilidade referente ao fiador em locação de imóveis residenciais, tendo em vista compatibilidade da exceção prevista no artigo 3º da Lei nº8009/90 com o direito à moradia no artigo 6º da CF, como forma de promover e viabilizar a locação de imóveis residenciais para moradia e habitação, a fim de facilitar a prestação da garantia.

Diante do exposto, observa-se, ao longo do tempo, a mudança de entendimento sobre as exceções da penhorabilidade do bem de família do fiador em ambos os casos de imóveis residenciais e não residenciais.

BREVE HISTÓRICO DO BEM DE FAMÍLIA: HOMESTEAD ACT

O tratamento jurídico do bem de família nasceu na República do Texas, em 26 de janeiro de 1839, antes da sua incorporação ao território americano, sua origem teve fundamento na proteção da pequena propriedade agrícola e residencial de família.

O surgimento do instituto decorreu após a independência dos Estados Unidos em 1776, diante do grande potencial de crescimento e desenvolvimento das terras americanas, antiga colônia da Inglaterra, tendo em vista a extensão territorial e a fertilidade do solo, e assim desenvolveu-se a agricultura e o comércio no país.

Os bancos europeus, diante da situação, decidiram se estabelecer no território, isso criou uma facilidade na obtenção de crédito para o povo americano, que passou a abusar dos empréstimos, resultando no enorme endividamento, sem contar com o descontrole de emissão de dinheiro por parte do governo, fatores esses que levaram a grande crise de 1837 a 1839 (AZEVEDO, 2008).

A crise fez que bancos passassem a realizar penhora sobre os bens dos devedores, como em suas terras, instrumentos agrícolas e animais, essas execuções atingiram o núcleo da família americana, deixando-as sem abrigo e desestruturadas economicamente.

Com isso, houve uma emigração em massa para o Texas, quando ainda fazia parte do território mexicano. O governo texano se preocupou com a população, visto que sua composição era predominantemente de americanos.

Desse modo, em 1839, promulgou a Lei do Homestead que estipulava que:

> De e após a passagem desta lei, será reservado a todo cidadão ou chefe de uma família, nesta República, livre e independente do poder de um mandado de fieri facias ou outra execução, emitido por qualquer Corte de jurisdição competente, 50 acres de terra, ou um terreno na cidade, incluindo o bem de família dele ou dela, e melhorias que não excedam a 500 dólares, em valor, todo mobiliário e utensílios domésticos, provendo para que não excedam o valor de 200 dólares, todos os instrumentos (utensílios, ferramentas) de lavoura (providenciando para que não excedam a 50 dólares), todas ferramentas, aparatos e livros pertencentes ao comércio ou profissão de qualquer cidadão, cinco vacas de leite, uma junta de bois para o trabalho ou um cavalo, vinte porcos e provisões para um ano; e todas as leis ou partes delas que contradigam ou se oponham aos preceitos deste ato, são ineficazes perante ele. Que seja providenciado que a edição deste ato não interfira com os contratos entre as partes, feitos até agora (Digest of the Laws of Texas § 3.798) (BUREAU, 1895, p. 63-64 apud AZEVEDO, 2008, p. 5).

A Lei do Homestead Exemption Act propôs a proteção da família, na medida que, independentemente da execução judicial, tornou impenhorável os imóveis rurais destinados à moradia familiar.

O Homestead teve o objetivo de desenvolver a sua população, fixando o homem à terra com a garantia do mínimo necessário para uma vida digna da sua entidade familiar.

Em 1845, a República do Texas passou a incorporar os Estados Unidos da América, a partir desse momento o instituto se espalhou por todo o território americano, sendo consagrado na legislação e na maioria dos estados americanos (HORA NETO, 2006).

Atualmente, o instituto da proteção do bem família continua presente na legislação e na maioria dos estados americanos.

Ainda, o conceito de bem família ultrapassou fronteiras, sendo adotado por diversas legislações, inclusive, pela brasileira, que o adaptou à realidade fática do país.

CONSIDERAÇÕES SOBRE O BEM DE FAMÍLIA

O significado da palavra homestead, de origem anglo-saxã, é o lugar do lar (home=lar, stead-lugar) (VASCONCELOS, 2015, p. 59).

O ideal foi incorporado ao Código Civil brasileiro de 1916.

Anteriormente, o conceito do bem de família objetivava garantir à família uma habitação inacessível aos credores. Contudo atualmente o instituto se transformou, graças à importância social, em um direito social inerente à pessoa humana, conhecido como direito à moradia, podendo ser conceituado como

> O direito à moradia exaltado na crônica de Rubem Braga traduz necessidade primária do homem, condição indispensável para uma vida digna, eis que a casa é o asilo inviolável do cidadão, a base de sua individualidade, cuja importância foi realçada, já no século XVI, com a célebre frase de Edward Coke apregoando que "a casa de um homem é o seu castelo" (my home my castle). Direito natural do indivíduo, indispensável à proteção da vida, da saúde, da liberdade, em qualquer parte o homem procurou e construiu o seu abrigo, seja numa caverna, na copa de uma árvore, nos buracos das penhas e até mesmo no gelo, protegendo-se das intempéries e dos predadores. (VIANNA, 2000, p. 1).

No artigo 25, 1º, da Declaração Universal dos Direitos Humanos, em 1948, houve o reconhecimento do direito à moradia como um direito fundamental para uma vida digna, a fim de assegurar a saúde e o bem-estar da pessoa humana e de sua família.

Sendo assim, o instituto do bem de família recepciona o direito à moradia como um direito fundamental, vastamente aceito por diversas legislações.

Azevedo (2010, p. 80) conceitua o bem de família como "um meio de garantir um asilo à família, tornando-se o imóvel onde a mesma instala domicílio impenhorável e inalienável, enquanto forem vivos os cônjuges e até que os filhos completem sua maioridade".

Em síntese, o bem de família se destina à segurança, à dignidade, à saúde física e mental da pessoa humana, deixando de lado a ideia de ser apenas um teto e quatro paredes, fundamentando-se assim em um direito fundamental para uma vida digna do ser humano.

EMENDA CONSTITUCIONAL 26/2000 E O DIREITO À MORADIA: PRINCÍPIOS CONSTITUCIONAIS DE PROTEÇÃO: DIGNIDADE DA PESSOA HUMANA, MÍNIMO EXISTENCIAL, DIREITO SOCIAL DE MORADIA E PRINCÍPIO DA ISONOMIA

A Constituição Federal de 1988 estabeleceu o direito à moradia como uma política urbana ao prever o princípio da função social da propriedade elencado no artigo 5º, inciso XXIII:

> Art. 5º Todos são iguais perante a lei, sem distinção de qualquer natureza, garantindo-se aos brasileiros e aos estrangeiros residentes no País a inviolabilidade do direito à vida, à liberdade, à igualdade, à segurança e à propriedade, nos termos seguintes: (...)
>
> XXIII - a propriedade atenderá a sua função social.

A Constituição Federal de 1988 levou a propriedade ao status de um direito fundamental, a partir de sua inclusão no rol do referido artigo.

O jurista francês Léon Duguit definia que a propriedade não é um direito, mas sim uma função social, a qual o proprietário deve se atentar à missão social da propriedade (RODRIGUES, 2003, p. 18).

Com a Emenda Constitucional 26, de fevereiro de 2000, o direito à moradia foi introduzido ao rol dos direitos sociais previsto no artigo 6º da CF/88. A inclusão justifica-se diante das condições de moradia dos brasileiros na época, a fim de promover programas de construção de moradias e a melhoria das condições habitacionais, da situação de vida dos hipossuficientes, procurando a concretização da igualdade social e o respeito à dignidade da pessoa humana, conforme preceitua o artigo 1º, incisos III e IV da CF.

Aronne (1999, p. 201) compreende que a Constituição além de um Estado Democrático de Direito, também é um Estado Social, o qual o princípio de igualdade alcançaria assim as oportunidades e condições reais de vida do cidadão (RODRIGUES, 2003, p. 23), para "o combate das causas da pobreza e a marginalização, promovendo a integração social dos setores desfavorecidos" (ARONNE, 1999, p. 201). Além disso, Aronne entende que o princípio da função social intensifica vários princípios e direitos fundamentais da Constituição Federal de 1988, principalmente o da dignidade da pessoa humana.

O princípio da dignidade da pessoa humana tem previsão no artigo 1º, inciso III, da Constituição Federal de 1988 e é compreendido como um dos fundamentos primários do Estado Democrático de Direito. O ordenamento jurídico não possui um conceito específico, por isso, a doutrina busca classificá-la como Moraes (2003, p. 41), em sua obra Direito Constitucional:

> Um valor espiritual e moral inerente à pessoa, que se manifesta singularmente na autodeterminação consciente e responsável da própria vida e que traz consigo a pretensão ao respeito por parte das demais pessoas, constituindo-se um mínimo invulnerável que todo estatuto jurídico deve assegurar de modo que, somente excepcionalmente, possam ser feitas limitações ao exercício dos direitos fundamentais, mas sempre sem menosprezar a necessária estima que merecem todas as pessoas enquanto seres humanos e a busca ao Direito à Felicidade.

Além disso, a Declaração Universal dos Direitos Humanos reconhece a dignidade da pessoa humana a partir de seu artigo 1º ao dispor: "Art. 1º Todas as pessoas nascem livres e iguais em dignidade e direitos. São dotadas de razão e consciência e devem agir em relação umas às outras com espírito de fraternidade".

Vasconcelos (2015, p. 186) cita, em seu livro Impenhorabilidade do bem de família, as palavras de Nunes (2009, p. 429) sobre o princípio da dignidade da pessoa humana, como sendo "um verdadeiro supraprincípio constitucional que ilumina todos os demais princípios e normas constitucionais e infraconstitucionais". A autora considera que é um valor supremo a ser protegido e respeitado, devendo sempre guiar o legislador e o julgador para aplicar no ordenamento jurídico, em conformidade com as ideias do princípio.

O Código de Processo Civil de 2015 prevê a dignidade humana nas normas fundamentais do processo civil, conforme o disposto no artigo 8º do CPC:

> Art. 8º Ao aplicar o ordenamento jurídico, o juiz atenderá aos fins sociais e às exigências do bem comum, resguardando e promovendo a dignidade da pessoa humana e observando a proporcionalidade, a razoabilidade, a legalidade, a publicidade e a eficiência.

Assim posto, a dignidade da pessoa humana foi introduzida como um princípio basilar da relação jurídica do Estado Democrático de Direito, com a CF/88 se evidencia assim a importância e relevância desse instituto para o ordenamento jurídico brasileiro e, principalmente, para a sociedade como um todo.

Esse princípio fundamental é dotado de eficácia jurídica, uma vez que não possui apenas caráter ético e moral, mas é uma norma jurídica positivada com status constitucional, que serve de base e fundamento para o Estado Democrático de Direito, norteando o Estado nas suas ações, a fim de preservá-la e permitir o seu pleno exercício (VASCONCELOS, 2015, p. 189).

Além disso, princípio da dignidade humana está fortemente vinculado ao mínimo existencial, ou aos "mínimos sociais", e sua eficiência, que são condições mínimas para uma existência humana digna.

Torres e Alexy entendem que o mínimo existencial e o princípio da dignidade estão profundamente ligados à sua efetividade. Ainda, o mínimo existencial está condicionado à sobrevivência digna e se faz presente na Declaração dos Direitos Humanos (TORRES, 2009, p. 36; ALEXY, 2008, p. 500).

Nesse mesmo entendimento, Cordeiro (2007) opina que:

> Os direitos fundamentais se relacionam com o mínimo existencial e expressam garantias dos indivíduos contra as agruras da vida e exigem obrigações do Estado no sentido de satisfazê-las e o papel do juiz há de ser elaborado no sentido de promover as medidas prestacionais necessárias à satisfação dessas necessidades mínimas no exato elemento em que os demais poderes falharam.

Sendo assim, os direitos fundamentais protegem os cidadãos, a fim de garantir o mínimo existencial de uma vida digna que o Estado tem o dever de proporcionar, caso falhe com o cumprimento dos direitos humanos, é papel do Poder Judiciário, adotar medidas prestacionais, para satisfação desses ideais e princípios fundamentais esculpidos na Constituição.

A vida digna, o mínimo existencial e o direito à moradia são princípios indissociáveis, não há dignidade humana sem um local para morar. O deficit habitacional no país demonstra que o Estado está longe de oferecer condições e oportunidades iguais aos seus habitantes (CANUTO, 2008, p. 342).

A última pesquisa realizada pela Fundação João Pinheiro informou que o deficit habitacional em 2019 era de 5,876 milhões de moradias, ou seja, aproximadamente 6% da população brasileira não possui moradia ou vivem em condições precárias.

Através dos dados, observa-se que o Estado não tem a capacidade de oferecer à população oportunidades e condições iguais de vida, apesar de a Constituição ter como princípio basilar a isonomia e a igualdade.

O princípio da igualdade/isonomia teve sua origem na Grécia Antiga a partir dos ideais de Platão e Aristóteles advindo do conceito da justiça (VASCONCELOS, 2015, p. 193).

A Constituição Federal de 1988 adotou a isonomia formal, isso significa que a aplicação da lei deve ser igual a todos sem distinção, conforme o artigo 7º, caput, da CF/88, além das demais disposições que também preveem a igualdade.

Vasconcelos (2015, p. 193) cita a conhecida afirmação de Ruy Barbosa, de inspiração aristotélica, para quem a igualdade não consiste senão em tratar desigualmente os desiguais, na medida em que se desigualam. Exige-se, pois, tratamento homogêneo a situações idênticas.

Para análise é de extrema importância a compreensão dos princípios fundamentais que a Constituição de 1988 e a Emenda Constitucional 26/2000 introduziram ao ordenamento jurídico brasileiro, uma vez que serão tópicos essenciais na análise da constitucionalidade ou não da Lei nº 8.009/90, que prevê a penhorabilidade do bem de família do fiador de contrato de locação.

DA PENHORA DO BEM DE FAMÍLIA EM FACE AO INSTITUTO DA FIANÇA

A penhora é uma técnica executiva que tem por objeto forçar o cumprimento de uma obrigação, a fim de satisfazer o pagamento de dívidas adquiridas, reforçando assim a aplicação do princípio da responsabilidade patrimonial preconizado no Código de Processo Civil, conforme doutrina balizada:

> [...] ato jurídico processual executivo que fixa a responsabilidade patrimonial do executado sobre um ou mais bens individualizados do seu acervo, proporcionando a sua apreensão e conservação pelo depósito, com vista [...] à satisfação efetiva do direito do credor (MACHADO, 2010, p. 910).

Entretanto o legislador buscou estabelecer limites à aplicação do princípio da responsabilidade patrimonial na tutela executiva, buscando evitar abusos e promover um equilíbrio justo entre as partes envolvidas no processo. Essas medidas têm como objetivo proteger os direitos e interesses das partes, garantindo que a execução da tutela seja realizada de forma justa e equitativa.

> É tranquilo o entendimento de que as regras de impenhorabilidade de determinados bens têm estreita ligação com a atual preocupação do legislador em criar freios à busca sem limites da satisfação do direito exequendo, mantendo-se a mínima dignidade humana do executado. A ideia de satisfazer o direito do exequente, custe o que custar, ainda que isso leve o obrigado à perda total e absoluta de seu patrimônio, sem possibilidade de sobrevivência digna, justifica as regras de impenhorabilidade. (NEVES, 2023, p. 127).

Conforme prevê a Lei 8.009/90, como forma de garantir o direito da dignidade da pessoa humana e o direito à moradia, a Lei nº 8.009/90 determinou a impenhorabilidade do bem de família, mas referida lei previu exceções à impenhorabilidade, como disposto no inciso VII do artigo 3º, ao permitir a penhora do bem de família por obrigação decorrente de fiança concedida em contrato de locação.

À luz do artigo 818 do Código Civil, prevê: "Pelo contrato de fiança, uma pessoa garante satisfazer ao credor uma obrigação assumida pelo devedor, caso este não a cumpra".

Dessa forma, de fato, a obrigação do fiador consiste em pagar ao credor a dívida assumida pelo devedor caso este não a cumpra no prazo e na forma estabelecidos. O fiador assume o compromisso de garantir o cumprimento da obrigação, tornando-se responsável solidário pela dívida, caso o devedor não a honre. Essa garantia oferecida pelo fiador é uma proteção adicional para o credor, assegurando-lhe que a dívida será satisfeita, mesmo que o devedor principal não a cumpra.

No entanto, o instituto é protegido pelo ordenamento jurídico, especificamente pela Lei 8.009/90, que tem por objetivo garantir o direito fundamental à dignidade da pessoa humana e o direito constitucional à moradia para estabelecer a impenhorabilidade do bem de família. Essa medida visa proteger o patrimônio familiar, salvaguardando um espaço seguro para a residência da família e garantindo a estabilidade e o bem-estar dos indivíduos, mesmo em situações de adversidade financeira. A impenhorabilidade do bem de família é uma salvaguarda essencial para assegurar a integridade e a dignidade das pessoas.

ANÁLISE COMPARATIVA ENTRE AS DECISÕES DO SUPREMO TRIBUNAL FEDERAL

Inicialmente, faz-se necessária uma análise comparativa entre as decisões do RE nº 612.360 (Tema de Repercussão Geral nº 295) e a RE nº 1.307.334, ambos do Supremo Tribunal Federal, que versam principalmente sobre a Lei 8.009/91, bem como a Emenda Constitucional 26/2000.

A fim de assegurar o direito fundamental à dignidade da pessoa humana e o direito constitucional à moradia, a Lei nº 8.009/90 estabeleceu a impenhorabilidade do bem de família. Dessa forma, o legislador demonstrou uma preocupação em proteger esses princípios fundamentais.

> [...] prevalece, na espécie, além do resguardo da dignidade da pessoa humana, o intuito de evitar penhora sobre bens que geralmente não encontram preços significativos na expropriação judicial e cuja privação pode acarretar grandes sacrifícios de ordem pessoal e familiar para o executado (THEODORO JÚNIOR, 2017, p. 374).

No entanto, a referida lei também estabelece exceções à impenhorabilidade do bem de família, como é o caso do inciso VII do artigo 3º, que permite a penhora desse patrimônio quando se tratar de uma obrigação resultante de fiança concedida em contrato de locação.

O artigo 82 da Lei de Inquilinato (Lei 8.245/91) recepcionou o inciso VII do artigo 3º da Lei 8.009/90, ao exemplificar que o imóvel do fiador, mesmo que seja bem de família, poderá ser penhorado em garantia da obrigação assumida contratualmente.

Entretanto criou-se um debate em torno da constitucionalidade do inciso VII do artigo 3º da Lei 8.009/90, dado após a Emenda Constitucional de 2000, o artigo 6º da Constituição Federal passou a incluir a moradia como um direito fundamental, conforme será tratado futuramente.

Os ministros discutiram as seguintes questões para chegar ao entendimento: se deve prevalecer a liberdade individual e constitucional de alguém ser ou não fiador, e arcar com essa respectiva responsabilidade, ou se o direito social à moradia, previsto na Constituição, deve ter prevalência (NETO, 2006).

Diante disso, no julgamento do Tema 295 de Repercussão Geral, o Supremo Tribunal Federal reconheceu a constitucionalidade da penhora do bem de família do fiador em contratos de locação de imóveis residenciais.

Tal decisão fundamentou-se na exceção prevista no inciso VII do artigo 3º da Lei nº 8.009/90, levando em consideração a realidade social brasileira e como meio de estimular os locadores a oferta de imóveis residenciais para moradia, sendo essa uma garantia contratual. Essas medidas foram tomadas com o objetivo de conciliar a exceção disposta na lei com o direito à moradia, consagrado no artigo 6º da Constituição Federal, promovendo e viabilizando o aluguel de imóveis residenciais para moradia e habitação, facilitando, assim, o cumprimento das obrigações garantidas.

Além disso, em julgamento do RE nº 407.688, precedente para o Tema de Repercussão Geral nº 295, o ministro Cezar Peluso, como relator do caso, concluiu que a Lei 8.009/90 estabeleceu, de forma inequívoca, o bem de família do fiador como uma exceção à impenhorabilidade, além disso o relator não vê incompatibilidade entre a Lei nº 8.009/90 e a Emenda Constitucional 26/2000. O ministro entendeu que o cidadão tem a liberdade de escolha e a de arcar com os riscos e condições que implica ser fiador (NETO, 2006).

A decisão procurou equilibrar a proteção ao direito à moradia com a necessidade de garantir a segurança das relações contratuais, reconheceu a importância da fiança, a fim de possibilitar a locação de imóveis residenciais, permitindo que mais pessoas tenham acesso a um lar digno.

Em contrapartida, o ministro Eros Grau divergiu do relator, citando dois Recursos Extraordinários (RE nº 352.940 e nº 449.657) como precedentes, que afastaram a penhora do único bem de família do fiador, ainda foi entendido que a disposição da lei, ao excluir o fiador da proteção contra a penhora, violou o princípio constitucional da isonomia.

Ao fim, a Primeira Turma, por maioria, no julgamento do Recurso Extraordinário nº 605.709, consolidou o entendimento que a penhorabilidade do bem de família apenas se aplicaria às locações residenciais, referente às decisões dos RE nº 407.688 e RE nº 612.360. Ou seja, os precedentes não abrangeram a hipótese da locação não residencial, uma vez que o imóvel não seria utilizado para moradia e sim para fins empresariais. Assim, o colegiado entendeu que seria uma interpretação inconstitucional do artigo 3º, inciso VII, da Lei 8.009/91, a penhora do bem de família do fiador de contrato de locação não residencial.

Ao evoluir o entendimento jurisprudencial, por meio do julgamento do recurso extraordinário nº 1.307.734, o STF passou a adotar entendimento diverso daquele firmado, referente à locação não residencial. Ao passo que entendia pela inconstitucionalidade da penhora do bem de família, passou agora a entender que dita hipótese era na verdade constitucional.

Ainda, o ministro Salomão ressaltou que a lei não faz distinção entre os contratos de locação residencial e não residencial, o que possibilita o afastamento da regra de impenhorabilidade nas hipóteses de locação não residencial. Sendo assim, a lei não fez distinção entre as espécies de contrato e, caso a corte fizesse, ocorreria uma violação do princípio da isonomia do instituto da fiança, uma vez que o fiador de uma locação não residencial estaria protegido em relação ao seu bem de família, enquanto o fiador de uma locação residencial poderia ter seu imóvel sujeito à penhora (RE 1.307.334, Rel. Min. Alexandre de Moraes, Plenário, DJe 07.06.2022).

O relator ministro Alexandre de Moraes acrescentou que, ao reconhecer a impenhorabilidade do imóvel do fiador na locação não residencial, não apenas haveria a violação do princípio da autonomia da vontade negocial, mas também um impacto significativo na liberdade de empreendimento do locatário e no direito de propriedade do fiador. Isso se torna particularmente relevante devido ao fato de que a fiança é a forma de garantia menos onerosa e mais amplamente aceita pelos locadores (RE 1.307.334, Rel. Min. Alexandre de Moraes, Plenário, DJe 07.06.2022).

Concluiu o ministro relator que

> Afastar a proteção do bem de família foi o instrumento jurídico de políticas públicas de que o Estado se valeu para enfrentar o problema público da ausência de moradia e de fomento da atividade empresarial, decorrente das dificuldades impostas aos contratos de locação (RE 1.307.334, Rel. Min. Alexandre de Moraes, Plenário, DJe 07.06.2022).

Entretanto o ministro Fachin divergiu do relator com o entendimento que em decisões de ambas as Turmas desta Suprema Corte, foi estabelecido o entendimento de que, no contexto de contratos de locação residencial, é possível equilibrar o direito à moradia dos fiadores com o direito à moradia dos locatários, mas essa mesma consideração não se aplica quando se trata de fiança em contratos de locação de imóveis comerciais (RE 1.307.334, Rel. Min. Alexandre de Moraes, Plenário, DJe 07.06.2022).

Ainda, Fachin ainda cita o distinguishing feito pela Ministra Rosa Weber entre o paradigma de repercussão geral do Tema 295 e a controvérsia que entendeu ser impenhorável o bem de família do fiador em contrato de locação não residencial, nos seguintes termos:

> É constitucional a penhora de bem de família pertencente a fiador de contrato de locação, em virtude da compatibilidade da exceção prevista no art. 3º, VII, da Lei nº 8.009/1990 com o direito à moradia consagrado no art. 6º da Constituição Federal, com redação da EC 26 /2000.› [...] Se na garantia prestada em contrato de locação residencial é possível contrapor o direito à moradia de fiadores ao igualmente relevante direito à moradia de locatários, como apontado nos precedentes deste Supremo Tribunal Federal, o mesmo não se verifica na hipótese de fiança em contrato de locação de imóvel comercial. (RE 612.360, Rel. Min. Ellen, Plenário, DJe 23.09.2010).

A corte compreendeu que a fiança é uma disposição legítima do direito fundamental à moradia, ou seja, o fiador poderá ter seu único bem penhorado pelo locador em caso de inadimplemento do locatário (NATIVIDADE; SILVA, 2022, p. 452).

O voto vogal, em síntese, entendeu que a penhora do bem de família do fiador de contrato de locação residencial apenas é possível diante da compatibilidade do artigo 3, inciso VII, da Lei nº 8.009/90 com o direito à moradia, após Emenda 26/2000, previsto na Constituição Federal, equalizando o direito à moradia dos fiadores ao direito à moradia dos locatários, tratando desse modo iguais como iguais à luz do princípio da isonomia.

Apesar da divergência, por maioria, o Tribunal negou provimento ao recurso extraordinário ao fixar a seguinte tese: "É constitucional a penhora de bem de família pertencente a fiador de contrato de locação, seja residencial, seja comercial", conforme o voto do Relator, e vencidos os votos do ministros Edson Fachin, Rosa Weber, Cármen Lúcia e Ricardo Lewandowski.

EVOLUÇÃO DO ENTENDIMENTO E DOS PRECEDENTES DO SUPREMO TRIBUNAL FEDERAL

A discussão sobre o entendimento da (im)penhorabilidade, gira em torno, especificamente, da constitucionalidade do inciso VII do artigo 3º da Lei 8.009/90, após a Emenda Constitucional de 2000, o artigo 6º da Constituição Federal passou a incluir a moradia como um direito fundamental.

Em 9 de maio de 2005, foi publicado o julgamento do RE nº352.940, no qual Ministro Carlos Vellosso, em decisão unipessoal, entendeu pela tese de incompatibilidade do artigo 3º, VII, da Lei nº 8.009/1990, com o direito à moradia e com o princípio isonômico.

A Lei 8.009, de 1990, art. 1º, estabelece a impenhorabilidade do imóvel residencial do casal ou da entidade familiar e determina que não responde o referido imóvel por qualquer tipo de dívida, salvo nas hipóteses previstas na mesma lei, art. 3º, inciso I a VI. Acontece que a Lei 8.245, de 18.10.91, acrescentou o inciso VII, a ressalvar a penhora "por obrigação decorrente de fiança concedida em contrato de locação." É dizer, o bem de família de um fiador em contrato de locação teria sido excluído da impenhorabilidade. Acontece que o art. 6º da C.F., com a redação da EC nº 26, de 2000, ficou assim redigido:

"Art. 6º. São direitos sociais a educação, a saúde, o trabalho, a moradia, a segurança a previdência social, a proteção à maternidade e à infância, a assistência aos desamparados, na forma desta Constituição."

Em trabalho doutrinário que escrevi – "Dos Direitos Sociais na Constituição do Brasil", texto básico de palestra que proferi na Universidade de Carlos III, em Madri, Espanha, no Congresso Internacional de Direito do Trabalho, sob o patrocínio da Universidade Carlos III e da ANAMATRA, em 10.3.2003 - registrei que o direito à moradia, estabelecido no art. 6º, C.F., é um direito fundamental de 2ª geração - direito social - que veio a ser reconhecido pela EC 26, de 2000.

O bem de família - a moradia do homem e sua família - justifica a existência de sua impenhorabilidade: Lei 8.009/90, art. 1º. Essa impenhorabilidade decorre de constituir a moradia um direito fundamental.

Posto isso, veja-se a contradição: a Lei 8.245, de 1991, excepcionando o bem de família do fiador, sujeitou o seu imóvel residencial, imóvel residencial próprio do casal, ou da entidade familiar, à penhora. Não há dúvida que ressalva trazida pela Lei 8.245, de 1991, - inciso VII do art. 3º - feriu de morte o princípio isonômico, tratando desigualmente situações iguais, esquecendo-se do velho brocardo latino: ubi eadem ratio, ibi eadem legis dispositio, ou em vernáculo: onde existe a mesma razão fundamental, prevalece a mesma regra de Direito.

Isto quer dizer que, tendo em vista o princípio isonômico, o citado dispositivo - inciso VII do art. 3º, acrescentado pela Lei 8.245/91, não foi recebido pela EC 26, de 2000.

> Essa não recepção mais se acentua diante do fato de a EC 26, de 2000, ter estampado, expressamente, no art. 6º, C.F., o direito à moradia como direito fundamental de 2ª geração, direito social. Ora, o bem de família - Lei 8.009/90, art. 1º - encontra justificativa, foi dito linha atrás, no constituir o direito à moradia um direito fundamental que deve ser protegido e por isso mesmo encontra garantia na Constituição.
>
> Em síntese, o inciso VII do art. 3º da Lei 8.009, de 1990, introduzido pela Lei 8.245, de 1991, não foi recebido pela CF, art. 6º, redação da EC 26/2000. (RE 352.940, Rel. Min. Carlos Velloso, Plenário, DJe 09.05.2005).

Em posterior julgamento, o Plenário do Supremo Tribunal Federal, concluiu por maioria no RE nº 407.688, em sentido contrário, pela compatibilidade do inciso VII do artigo 3º da Lei nº8.009/90 com a EC 26/2000.

> EMENTA: FIADOR. Locação. Ação de despejo. Sentença de procedência. Execução. Responsabilidade solidária pelos débitos do afiançado. Penhora de seu imóvel residencial. Bem de família. Admissibilidade. Inexistência de afronta ao direito de moradia, previsto no art. 6º da CF. Constitucionalidade do art. 3º, inc. VII, da Lei nº 8.009/90, com a redação da Lei nº 8.245/91. Recurso extraordinário desprovido. Votos vencidos. A penhorabilidade do bem de família do fiador do contrato de locação, objeto do art. 3º, inc. VII, da Lei nº 8.009, de 23 de março de 1990, com a redação da Lei nº 8.245, de 15 de outubro de 1991, não ofende o art. 6º da Constituição da República. (RE 407688, Rel. Min. Cezar Peluso, Tribunal Pleno, DJe 06,10.2006, p. 129-147).

Diante desse entendimento, a Suprema Corte considerou que a exceção à impenhorabilidade do bem de família, aplicada ao fiador em contratos de locação residencial, representa uma medida que promove o próprio direito à moradia em relação aos locatários, e, portanto, é compatível tal interpretação com os princípios da Constituição da República.

Nesse contexto, o entendimento estabelecido no Recurso Extraordinário nº 407.688 foi reforçado durante a análise do Recurso Extraordinário paradigmático nº 612.360, pertencente ao Tema de Repercussão Geral nº 295, que consagrou a seguinte tese:

> É constitucional a penhora de bem de família pertencente a fiador de contrato de locação, em virtude da compatibilidade da exceção prevista no art. 3º, VII, da Lei nº 8.009/1990 com

> o direito à moradia consagrado no art. 6º da Constituição Federal, com redação da EC 26/2000. (RE 612.360, Plenário. rel. Min. Ellen Gracie, DJE 22.09.2010).

Além disso, a Ministra Rosa Weber realizou um distinguishing paradigma de Repercussão Geral do Tema nº 295 e a controvérsia que entendeu ser impenhorável o bem de família do fiador em contrato de locação não residencial, nos seguintes termos:

> [...] a exceção à impenhorabilidade do bem de família, quanto ao fiador em contrato de locação residencial, configurava medida de promoção do próprio direito à moradia, relativamente aos locatários, entendeu esta Suprema Corte por sua compatibilidade com a Constituição da República.
>
> [...]
>
> O fragmento acima não deixa dúvida de que o Plenário desta Suprema Corte, ao julgamento do RE nº 407.688, cotejou, repiso, o direito à moradia do fiador com idêntico direito dos candidatos a locatários, esposando, ao final, a compreensão de que o "acesso à habitação arrendada" sofreria revés, se fragilizada a garantia fidejussória, pela afirmação da impenhorabilidade do bem de família do fiador. Isso porque, segundo a corrente majoritária então formada, a exclusão do bem de família do fiador do alcance da garantia fidejussória prestada em contrato de locação residencial teria como resultado a exigência, por locadores, de outras modalidades de garantia, mais onerosas, a serem prestadas pelos locatários, a exemplo de cauções ou seguros, em cenário paradoxalmente suscetível de dificultar ou mesmo inviabilizar, em alguns casos, a consecução do próprio direito à moradia, previsto no art. 6º da Magna Carta. Esse entendimento restou reafirmado ao julgamento do recurso extraordinário paradigmático nº 612.360, ocasião em que, enfrentado o tema nº 295 da repercussão geral, o Plenário deste Supremo Tribunal Federal assentou a seguinte tese:
>
> "É constitucional a penhora de bem de família pertencente a fiador de contrato de locação, em virtude da compatibilidade da exceção prevista no art. 3º, VII, da Lei nº 8.009/1990 com o direito à moradia consagrado no art. 6º da Constituição Federal, com redação da EC 26 /2000." [...] Se na garan-

> tia prestada em contrato de locação residencial é possível contrapor o direito à moradia de fiadores ao igualmente relevante direito à moradia de locatários, como apontado nos precedentes deste Supremo Tribunal Federal, o mesmo não se verifica na hipótese de fiança em contrato de locação de imóvel comercial. (RE 612.360, Rel. Min. Ellen, Plenário, DJe 23.09.2010).

Assim sendo, entendeu viável ponderar o direito à moradia dos fiadores em relação ao igualmente importante direito à moradia dos locatários, conforme os precedentes do Supremo Tribunal Federal. No entanto, tal equilíbrio não se aplica à situação de uma fiança em um contrato de locação de um imóvel comercial.

Ao julgar o Recurso Extraordinário nº 605.709, a Primeira Turma, por maioria, reafirmou o entendimento de que a penhorabilidade do bem de família se aplica exclusivamente às locações residenciais, conforme decidido nos casos dos RE nº 407.688 e RE nº 612.360. Esses precedentes não se estenderam à situação de locação não residencial, uma vez que o imóvel em questão não seria utilizado para moradia, mas sim para fins empresariais. Portanto, o colegiado considerou que a penhora do bem de família do fiador em um contrato de locação não residencial seria uma interpretação inconstitucional do artigo 3°, inciso VII, da Lei 8.009/91.

Por meio do julgamento do Recurso Extraordinário nº 1.307.734, o Supremo evoluiu seu entendimento jurisprudencial e adotou uma posição diferente da anterior em relação à locação não residencial. Enquanto anteriormente considerava inconstitucional a penhora do bem de família nesse contexto, agora o tribunal passou a entender que tal possibilidade é, de fato, constitucional.

Além disso, o Ministro Salomão enfatizou que a legislação não estabelece uma diferenciação entre os contratos de locação residencial e não residencial, o que abre a possibilidade de excluir a regra de impenhorabilidade em casos de locações não residenciais. Portanto, a lei não faz distinção entre essas modalidades contratuais, e se o tribunal optasse por fazê-lo, isso representaria uma violação do princípio da igualdade no tratamento do instituto da fiança. Isso ocorreria porque um fiador de um contrato de locação não residencial estaria protegido em relação ao seu bem de família, enquanto um fiador de um contrato de locação residencial poderia ver seu imóvel sujeito à penhora.

O Ministro Alexandre de Moraes, na qualidade de relator, acrescentou que reconhecer a impenhorabilidade do imóvel do fiador em contratos de locação não residencial não apenas implicaria em uma violação do princípio da autonomia das partes na negociação, mas também teria um impacto substancial na liberdade de empreendimento do locatário e no direito de propriedade do fiador. Esse aspecto ganha ainda mais relevância devido ao fato de que a fiança é a forma de garantia menos onerosa e mais amplamente aceita pelos proprietários dos imóveis locados.

Concluiu o ministro relator que revogar a proteção dos bens de família foi a estratégia legal adotada pelo Estado para abordar a questão pública da escassez de moradias e para promover o crescimento da atividade empresarial, devido aos desafios enfrentados pelos contratos de aluguel (RE 1.307.334, Rel. Min. Alexandre de Moraes, Plenário, DJe 07.06.2022).

Portanto, por maioria de votos, o Tribunal rejeitou o recurso extraordinário, estabelecendo a seguinte tese: "A penhora de bem de família pertencente ao fiador de um contrato de locação, seja este de natureza residencial ou comercial, é constitucional", de acordo com o parecer do Relator. Os ministros Edson Fachin, Rosa Weber, Cármen Lúcia e Ricardo Lewandowski votaram de forma contrária.

Assim, a corte entendeu que a fiança é uma disposição legítima do direito fundamental à moradia, o que significa que o fiador pode ter seu único bem penhorado pelo locador em caso de inadimplência do locatário. Dessa forma, a garantia prestada pelo fiador é considerada válida e passível de execução nos casos de não cumprimento das obrigações contratuais pelo locatário (NATIVIDADE; SILVA, 2022. p. 456).

DA DISCUSSÃO

Da análise de ambas as decisões, tanto daquela que julgou penhorável o bem de família de fiador residencial e quanto daquela que julgou penhorável o bem de família de fiador comercial, é possível observar que a controvérsia sempre recai na questão dos princípios e direitos fundamentais que podem ir de encontro.

A Decisão nº 612.360 colocou como debate o direito à moradia do fiador em face ao direito à moradia do locatário, a fim de a habitação do fiador reforçar as garantias nos contratos de locação, ampliando o acesso à moradia aos futuros locatários.

Por outro lado, a RE nº 1307.334 sopesou o direito à moradia do fiador em face do direito à livre iniciativa do locatário, que resultaria na fomentação de mais atividades econômicas nos imóveis locados. Adotando o argumento do exercício do pleno direito de propriedade, podendo assim dispor, por vontade própria a proteção legal conferida ao bem de família.

A partir disso, os princípios analisados em cada decisão, a depender da espécie de locação, foram diferentes, mesmo tratando do mesmo tópico, qual seja (im)penhorabilidade do bem de família, o que pode resultar na insegurança jurídica em virtude da interpretação distinta da normativa da Lei nº 8.009/90.

Ao sopesar dois princípios que não se compatibilizam, um princípio fundamental de moradia, e um princípio de natureza comercial, há um desvirtuamento do instituto dos princípios e de sua aplicação, uma vez que a Corte elevou o princípio da livre iniciativa de empreendimento e vontade negocial ao status de um princípio basilar da constituição, que figura como verdadeiro guia dos direitos fundamentais, bem como dos direitos sociais.

Tanto que a corrente doutrinaria Direito Civil Constitucional parte da premissa que a Constituição e seus princípios servem para guiar as demais normas do ordenamento jurídico. Inclusive nos ensinamentos de Paulo Lôbo,

> Se há custos sociais na decisão que faz valer o princípio da dignidade humana, tem que prevalecer tal princípio jurídico, independentemente dos custos sociais. Se a decisão da maioria do STF, por exemplo, relativamente à (im)penhorabilidade do bem de família tivesse sido fundada em princípio jurídico e não no princípio econômico dos custos sociais, o resultado seria outro e, ao meu ver, o único juridicamente sustentável. (LÔBO, 2014, p. 19-27).

Diante disso, torna-se imprescindível promover o diálogo entre os princípios jurídicos e os aspectos econômicos relacionados aos custos sociais. No caso específico da decisão sobre a penhora do bem de família do fiador de imóveis não residenciais, observou-se uma abordagem unicamente centrada na perspectiva econômica e na liberdade contratual do locatário, negligenciando assim um princípio essencial para a preservação da dignidade da pessoa humana, como o direito à moradia do fiador.

CONSIDERAÇÕES FINAIS

Como visto, o instituto do bem de família teve sua origem da Lei do Homestead Exemption Act que ocorreu no Texas, difundindo-se em diversos outros países. O instituto foi introduzido ao Código Civil brasileiro de 1916, com o objetivo de garantir à família uma habitação inacessível aos credores.

Com a Emenda Constitucional 26 de 2000, o direito à moradia passou a ser um dos direitos sociais previstos na Constituição Federal, tornando o instituto do bem de família um direito social fundamental para garantir a segurança, dignidade e bem-estar físico e mental dos indivíduos.

Essa inclusão foi motivada por diversos princípios, como a dignidade da pessoa humana, o mínimo existencial, o direito social à moradia e, sobretudo, o princípio da isonomia, que preza pela igualdade perante a lei para todos os cidadãos.

Nesse contexto, a Lei nº 8.009/90 foi editada com o intuito de proteger o cidadão, estabelecendo a impenhorabilidade do bem de família, mas também prevendo exceções à regra, como a penhorabilidade em casos de fiança em contratos de locação.

No entanto, surgiu um debate em relação à inconstitucionalidade do artigo 3º da Lei nº 8.009/90 e seu inciso VII, alegando que estaria violando o direito fundamental à moradia do fiador.

O Supremo Tribunal Federal, ao julgar o tema nº 295 de repercussão geral, reconheceu a constitucionalidade da penhora do bem de família do fiador em contratos de locação residencial, com base na exceção prevista no inciso VII do artigo 3º da Lei nº 8.009/90. Essa medida visa garantir a oferta de imóveis para moradia, estimulando os locadores a disponibilizarem mais imóveis residenciais e promovendo o direito à moradia consagrado na Constituição Federal. A decisão visa viabilizar o aluguel de imóveis residenciais e facilitar o cumprimento das obrigações contratuais.

No entanto, os precedentes não abrangeram a hipótese da locação não residencial, levando a diferentes interpretações da Lei nº 8.009/90 e gerando insegurança jurídica.

Ao evoluir o entendimento jurisprudencial, o recurso extraordinário nº 1307734, o STF passou a adotar entendimento diverso, referente à locação não residencial. Ao passo que entendia pela inconstitucionalidade da penhora do bem de família, passou agora a entender que hipótese era na verdade constitucional.

A decisão sopesou o direito à moradia do fiador em face do direito à livre iniciativa do locatário, que resultaria na fomentação de mais atividades econômicas nos imóveis locados. Adotando o argumento do exercício do pleno direito de propriedade, podendo assim dispor, por vontade própria, a proteção legal conferida ao bem de família.

A partir disso, os princípios considerados em cada decisão, variando de acordo com o tipo de locação, demonstraram diferenças significativas, mesmo ao tratar do mesmo tema, ou seja, a (im)penhorabilidade do bem de família. Esse cenário resulta em uma considerável insegurança jurídica devido à interpretação divergente da legislação estabelecida na Lei nº 8.009/90.

Dessa forma, é essencial ponderar os princípios consagrados em cada decisão, considerando a espécie de locação, e garantindo a não violação dos princípios fundamentais da Constituição Federal. As decisões devem respeitar os valores consagrados na Carta Magna e buscar um equilíbrio entre os interesses em questão.

4

PENHORA SALARIAL EM EXECUÇÃO DE DÍVIDA NÃO ALIMENTÍCIA

Gustavo Gipiela

INTRODUÇÃO

Tendo-se em vista o contexto de plural crescimento das relações socioeconômicas a nível nacional, combinando, por um lado, políticas de fácil acesso ao crédito, sem maiores critérios, por outro, a contratação de forma ampla desses produtos financeiros pela população, constituiu um cenário nada positivo. Observou-se exponencial grau de endividamento das famílias, e num segundo momento, a explosão dos índices de inadimplemento desses contratos de modo geral, impasse que não teria outro rumo, senão o de bater às portas do Judiciário.

Por outro giro, é notório que houve relevante crescimento do acesso à Justiça no Brasil com a implementação de políticas públicas direcionadas à parcela da população mais vulnerável por meio da disponibilização de justiça gratuita, o que ocasionou considerável incremento no número de disputas judiciais, assim como no de sentenças a serem executadas.

Diante desse panorama, foram se delimitando lacunas específicas em que título judicial não alcançava a eficácia almejada na tutela executiva, seja em razão da onerosa proteção do devedor nos dispositivos processuais, ou mediante movimentos do devedor no sentido de fraudar e se furtar a obrigação, o que levou os tribunais a enfrentarem o tema, redesenhando os limites das impenhorabilidades, neste tão importante instrumento para a satisfação da dívida exequenda.

Nessa direção, foi observada nova inteligência dispositiva quanto à mitigação da impenhorabilidade salarial, medida considerada polêmica por ainda não ser íntima aos aplicadores do direito, seja pela ausência de um estudo específico, ou em razão de áreas cinzentas ainda não enfrentadas pelos estudiosos do direito, caracterizada a complexidade e a sensibilidade do tema.

Por certo, trata-se de um dispositivo que combina em sua equação múltiplos fatores, para que a eficácia da medida seja alcançada de forma hígida, sem que ocorra prejuízo a uma das partes de forma desproporcional. Por essa razão, será analisada neste capítulo essa questão, buscando aclarar tais fatores por meio de revisão jurisprudencial, legal e doutrinária.

EVOLUÇÃO HISTÓRICA DA IMPENHORABILIDADE NA NORMA DISPOSITIVA

Relembra Andrighi (2020) que, historicamente, a impenhorabilidade de verbas remuneratórias e destinadas à subsistência está prevista no direito brasileiro e remonta, ao menos, ao ano de 1850, vinculada ao Decreto nº 737, que regulamentava o processo comercial e foi estendido, posteriormente, ao processo das causas cíveis pelo Decreto nº 763 de 1980.

O artigo 529 do Decreto nº. 737/1850 dispunha de um rol de diversos bens absolutamente impenhoráveis, dentre eles os vencimentos dos magistrados e empregados públicos, os soldos e vencimentos de militares, salários dos operários, pensões e o indispensável para "a cama, vestuário do executado e de sua família" (ANDRIGHI, 2020).

Com o advento do Código de Processo Civil de 1939, tal impenhorabilidade foi mantida em geral, contudo, houve inovação legislativa ao dispor no artigo 942, incisos VII e VIII, uma exceção a essa regra, para o pagamento de alimentos à mulher e aos filhos, nos seguintes moldes (ANDRIGHI, 2020):

> Art. 942, CPC/1939.: Não poderão absolutamente ser penhorados:
>
> [...]
>
> VII – os vencimentos dos magistrados, professores e funcionários públicos, o soldo e fardamento dos militares, os salários a soldados, em geral, salvo para pagamento de alimentos à mulher ou aos filhos, quando o executado houver sido condenado a prestação;
>
> VIII – as pensões, tenças e montepios percebidos dos cofres públicos, de estabelecimento de previdência, ou provenientes da liberdade de terceiro, e destinados ao sustento do executado ou da família. (BRASIL, 1939).
>
> [...]

Em 1952, com a edição da Lei nº. 1.711 (Estatuto dos Funcionários Públicos Civis da União), no mesmo sentido do Código de Processo Civil vigente à época, ficou definido que o "vencimento, remuneração ou qualquer vantagem pecuniária atribuída ao funcionário não será objeto de arresto, sequestro ou penhora, saldo quando se tratar de prestação de alimentos ou dívida à Fazenda Pública" (artigo 126, I e II) (ANDRIGHI, 2020).

Por seu turno, o Código de Processo Civil de 1973 alterou a redação dispositiva do então vigente diploma adjetivo, e passou a conter os seguintes termos:

> Art. 649, CPC/1973.: São absolutamente impenhoráveis:
>
> [...]
>
> IV – os vencimentos dos magistrados, dos professores e dos funcionários públicos, o soldo e os salários, salvo para pagamento de prestação alimentícia.
>
> [...]. (BRASIL, 1973).

À época surgiram algumas controvérsias no âmbito doutrinário e jurisprudencial acerca do tema em análise. Uma em especial, versava sobre a possibilidade de equiparar os honorários advocatícios, por terem natureza alimentar, aos salários, a fim de serem caracterizados como impenhoráveis (ANDRIGHI, 2020).

Tal questão foi pacificada, tempos depois, com a edição da Lei nº 11.383, de 2006, que alterou a redação do artigo 649, inciso IV, do diploma adjetivo de 1973, e incluiu o parágrafo segundo, nos seguintes termos:

> Art. 649, CPC/1973.: São absolutamente impenhoráveis:
>
> [...]
>
> IV – os vencimentos, subsídios, soldos, salários, remunerações, proventos de aposentadoria, pensões, pecúlios e montepios; as quantias recebidas por liberalidade de terceiro e destinadas ao sustento de devedor e sua família, os ganhos de trabalhador autônomo e os honorários de profissional liberal, observados o disposto no § 3º deste artigo. (Redação dada pela Lei nº. 11.382, de 2006).

> § 2º - o disposto no inciso IV do caput deste artigo não se aplica no caso de penhora para pagamento de prestação alimentícia. (incluído pela Lei nº. 11.382, de 2006).
>
> [...]. (BRASIL, 1973)

Novas controvérsias surgiram na doutrina e jurisprudência acerca do mesmo debate, versando sobre a abrangência das prestações alimentícias, e que quais das prestações poderiam levar à prisão civil, nomeadamente quanto a respectiva origem, deixando à margem da controvérsia, menções às verbas de natureza alimentar.

Aludida celeuma estendeu-se até meados do ano de 2015, com o advento do Código de Processo Civil atualmente vigente, dispondo em seu artigo 833, parágrafo segundo, sobre a independência da origem da prestação alimentícia capaz de ensejar a penhora das verbas remuneratórias em geral, a saber:

> Art. 833, CPC/2015.: São impenhoráveis:
>
> [...]
>
> IV – os vencimentos, subsídios, soldos, salários, remunerações, proventos de aposentadoria, pensões, pecúlios e montepios; as quantias recebidas por liberalidade de terceiro e destinadas ao sustento de devedor e sua família, os ganhos de trabalhador autônomo e os honorários de profissional liberal, ressalvado o § 2º;
>
> [...]
>
> X – a quantia depositada em caderneta de poupança, até o limite de 40 (quarenta) salários-mínimos;
>
> [...]
>
> § 2º - o disposto nos incisos IV e X do caput não se aplica à hipótese de penhora para pagamento de prestação alimentícia, independentemente de sua origem, bem como às importâncias excedentes a 50 (cinquenta) salários-mínimos mensais, devendo a constrição observar o disposto no art. 528, § 8º, e no art. 529, § 3º.
>
> [...]. (BRASIL, 2015)

Outra exceção dispositiva advinda com a aludida inovação legislativa foi a possibilidade de se mitigar a impenhorabilidade prevista no inciso IV do artigo 833, quando a renda do devedor for superior a 50 salários-mínimos mensais.

Ao que parece, o legislador previu uma proteção exacerbada do devedor nessa exceção, uma vez que parcela ínfima da população brasileira percebe tal montante, ou seja, muito distante da realidade do homem médio e sua respectiva renda.

JULGADOS DE RELEVO: A MITIGAÇÃO DO ART. 833, IV DO CPC

Em análise à jurisprudência do Superior Tribunal de Justiça, foi possível constatar que existe divergência entre os entendimentos das Turmas integrantes da Primeira Seção e das Turmas integrantes da Segunda Seção, quanto à possibilidade de mitigação da impenhorabilidade das verbas de natureza alimentar.

A Primeira Seção não admite a penhora das verbas previstas no artigo 649, IV do CPC/73 (atual artigo 833, IV, do CPC), a não ser no caso de débito alimentar, ao passo que a Segunda Seção admite também a penhora em caso de empréstimo consignado e em casos em que a remuneração do devedor comporta penhora parcial sem prejuízo à dignidade e subsistência do devedor e de sua família. Em caráter ilustrativo, consignam-se duas decisões acerca do entendimento da Primeira Seção, quais sejam o AgRg no AREsp 585.251/RO[1] e o REsp 1.721.084[2]. Consignem-se ainda, dois

---

1 "PROCESSUAL CIVIL E ADMINISTRATIVO. AGRAVO REGIMENTAL NO AGRAVO EM RECURSO ESPECIAL. SERVIDOR PÚBLICO. REMUNERAÇÃO. PENHORA. IMPOSSIBILIDADE. 1. A teor do disposto no artigo 649, IV, do CPC, é absoluta a impenhorabilidade dos vencimentos, subsídios, soldos, salários, remunerações, proventos de aposentadoria, pensões, pecúlios e montepios, as quantias recebidas por liberalidade de terceiro e destinadas ao sustento do devedor e sua família, os ganhos de trabalhador autônomo e os honorários de profissional liberal, que apenas pode ser afastada nos casos de execução de alimentos, o que não é o caso dos autos. Precedentes: AgRg no AREsp 407.833/PR, Rel. Ministro Benedito Gonçalves, Primeira Turma, DJe 3/2/2015; REsp 1.211.366/MG, Rel. Ministro Mauro Campbell Marques, Segunda Turma, DJe 13/12/2011; AgRg no REsp 1.127.084/MS, Rel. Ministro Arnaldo Esteves Lima, Primeira Turma, DJe 16/12/2010. 2. Agravo regimental não provido". (AgRg no AREsp 585.251/RO, Rel. Ministro Benedito Gonçalves, Primeira Turma, julgado em 24/02/2015, DJe 04/03/2015).

2 "PROCESSUAL CIVIL. AÇÃO DE EXECUÇÃO. IMPOSSIBILIDADE DE PENHORA SOBRE VENCIMENTOS DE SERVIDORES PÚBLICOS. 1. O Tribunal de origem decidiu que não é possível a penhora de 30% (trinta por cento) do salário da recorrente para o pagamento de dívida de natureza não alimentar, em conformidade com o entendimento pacífico do STJ. 2. Não merece reparo o acórdão recorrido, porquanto reflete o entendimento firmado no âmbito do STJ acerca da matéria, segundo a qual o salário, soldo ou remuneração são impenhoráveis, nos termos do art. 649, IV, do CPC/1973, sendo essa regra excepcionada quando se tratar de penhora para pagamento de prestação alimentícia. 3. Recurso Especial não provido". (REsp 1.721.084, Rel. Ministro Herman Benjamin, Segunda Turma, julgado em 17/04/2018).

precedentes acerca do entendimento da Segunda Seção, quais sejam o REsp nº 1.285.970/SP[3] e o AgInt no AREsp nº 949.104/SP[4].

Denota-se, dessa forma, que não é pacificado na jurisprudência pátria entendimento exato sobre os contornos para a mitigação ou não do disposto no artigo 833, inciso IV do Código de Processo Civil vigente, entre as duas Seções do Superior Tribunal de Justiça.

Nesse contexto, o ensaio avançou em direção às decisões das Terceiras e Quartas Turmas que compõem a Segunda Seção do Superior Tribunal de Justiça, onde foram realizadas análises pormenorizadas de conteúdo selecionado.

Nessas análises, constatou-se que, para a realização da mitigação da impenhorabilidade em comento, são adotados alguns critérios que servem de guarida para a adoção de tal medida que traz em seu bojo inquestionável complexidade, no juízo de ponderação dos direitos fundamentais em cada caso em concreto.

---

3 "RECURSO ESPECIAL. EXECUÇÃO. DÍVIDA APURADA EM INVENTÁRIO. OMISSÃO E AUSÊNCIA DE FUNDAMENTAÇÃO DO ACÓRDÃO RECORRIDO. INEXISTÊNCIA. PENHORA DE SALÁRIO. POSSIBILIDADE. 1.- Os embargos de declaração são corretamente rejeitados se não há omissão, contradição ou obscuridade no acórdão recorrido, tendo sido a lide dirimida com a devida e suficiente fundamentação. 2.- A regra geral da impenhorabilidade, mediante desconto de conta bancária, de vencimentos, subsídios, soldos, salários, remunerações e proventos de aposentadoria, constante do art. 649, IV, do CPC, incidente na generalidade dos casos, deve ser excepcionada, no caso concreto, diante das condições Documento: 1753231 - Inteiro Teor do Acórdão - Site certificado - DJe: 16/10/2018 Página 11de 5 Superior Tribunal de Justiça fáticas bem firmadas por sentença e Acórdão na origem (Súmula 7/STJ), tendo em vista a recalcitrância patente do devedor em satisfazer o crédito, bem como o fato de o valor descontado ser módico, 10% sobre os vencimentos, e de não afetar a dignidade do devedor, quanto ao sustento próprio e de sua família. Precedentes. 3.- Recurso Especial improvido". (REsp 1285970/SP, Rel. Ministro Sidnei Beneti, Terceira Turma, julgado em 27/05/2014, DJe 08/09/2014).

4 "AGRAVO INTERNO NO AGRAVO EM RECURSO ESPECIAL. PROCESSUAL CIVIL. ART. 649, IV, DO CPC/73. IMPENHORABILIDADE. MITIGAÇÃO. PENHORA REALIZADA, NO LIMITE DE 30% DO SALÁRIO PARA PAGAMENTO DE SERVIÇOS EDUCACIONAIS. AGRAVO INTERNO DESPROVIDO. 1. No tocante à impenhorabilidade preconizada no art. 649, IV, do CPC/73 esta eg. Corte adotou o entendimento de que a referida impenhorabilidade comporta exceções, como a que permite a penhora nos casos de dívida alimentar, expressamente prevista no parágrafo 2º do mesmo artigo, ou nos casos de empréstimo consignado, limitando o bloqueio a 30% (trinta por cento) do valor percebido a título de vencimentos, soldos ou salários. Some-se a este entendimento, outras situações, tidas por excepcionais, em que a jurisprudência deste eg. Tribunal tem se posicionado pela mitigação na interpretação do art. 649, IV, do CPC/73. 2. Considerando o substrato fático descrito pelo eg. Tribunal a quo, evidencia-se a excepcionalidade apta a mitigar a impenhorabilidade, tendo em vista as infrutíferas tentativas de outras formas de garantir o adimplemento da dívida, bem como considerando que a dívida é referente a serviços educacionais, salientando que, como assentou o v. acórdão estadual, a educação também é uma das finalidades do salário. Documento: 1753231 - Inteiro Teor do Acórdão - Site certificado - DJe: 16/10/2018 Página 14 de 5 Superior Tribunal de Justiça 3. Agravo interno desprovido". (AgInt no AREsp 949.104/SP, Rel. Ministro Lázaro Guimarães [Desembargador convocado do TRF 5ª Região], Quarta Turma, julgado em 24/10/2017, DJe 30/10/2017).

Como ponto de partida, versando sobre conflito de direitos fundamentais, boa-fé das partes processuais e flexibilização da impenhorabilidade prevista no artigo 833, IV do CPC/2015, destaca-se o EREsp nº 1.582.475/MG[5], de relatoria do Ministro Benedito Gonçalves (2018), já utilizado em mais de uma centena de precedentes do STJ, decisão em que foi deferida a penhora de 30% da renda mensal do executado.

Segundo o Ministro Benedito Gonçalves (2018), é evidente a necessidade da correta interpretação dos preceitos legais à luz da Constituição da República, que veda a supressão injustificada de qualquer direito fundamental, observando a regência da marcha processual pela boa-fé no comportamento dos sujeitos processuais e conclui que só se revela necessária, adequada, proporcional e justificada a impenhorabilidade daquela parte do patrimônio do devedor que seja efetivamente necessária para a manutenção de sua dignidade e de seus dependentes.

---

[5] "PROCESSUAL CIVIL. EMBARGOS DE DIVERGÊNCIA EM RECURSO ESPECIAL. EXECUÇÃO DE TÍTULO EXTRAJUDICIAL. IMPENHORABILIDADE DE VENCIMENTOS. CPC/73, ART. 649, IV. DÍVIDA NÃO ALIMENTAR. CPC/73, ART. 649, PARÁGRAFO 2º. EXCEÇÃO IMPLÍCITA À REGRA DE IMPENHORABILIDADE. PENHORABILIDADE DE PERCENTUAL DOS VENCIMENTOS. BOA-FÉ. MÍNIMO EXISTENCIAL. DIGNIDADE DO DEVEDOR E DE SUA FAMÍLIA. 1. Hipótese em que se questiona se a regra geral de impenhorabilidade dos vencimentos do devedor está sujeita apenas à exceção explícita prevista no parágrafo 2º do art. 649, IV, do CPC/73 ou se, para além desta exceção explícita, é possível a formulação de exceção não prevista expressamente em lei. 2. Caso em que o executado aufere renda mensal no valor de R$ 33.153,04, havendo sido deferida a penhora de 30% da quantia. 3. A interpretação dos preceitos legais deve ser feita a partir da Constituição da República, que veda a supressão injustificada de qualquer direito fundamental. A impenhorabilidade de salários, vencimentos, proventos etc. tem por fundamento a proteção à dignidade do devedor, com a manutenção do mínimo existencial e de um padrão de vida digno em favor de si e de seus dependentes. Por outro lado, o credor tem direito ao recebimento de tutela jurisdicional capaz de dar efetividade, na medida do possível e do proporcional, a seus direitos materiais. 4. O processo civil em geral, nele incluída a execução civil, é orientado pela boa-fé que deve reger o comportamento dos sujeitos processuais. Embora o executado tenha o direito de não sofrer atos executivos que importem violação à sua dignidade e à de sua família, não lhe é dado abusar dessa diretriz com o fim de impedir injustificadamente a efetivação do direito material do exequente. 5. Só se revela necessária, adequada, proporcional e justificada a impenhorabilidade daquela parte do patrimônio do devedor que seja efetivamente necessária à manutenção de sua dignidade e da de seus dependentes. 6. A regra geral da impenhorabilidade de salários, vencimentos, proventos etc. (art. 649, IV, do CPC/73; art. 833, IV, do CPC/2015), pode ser excepcionada quando for preservado percentual de tais verbas capazes de dar guarida à dignidade do devedor e de sua família. 7. Recurso não provido." (STJ - EREsp: 1582475 MG 2016/0041683-1, Relator: Ministro BENEDITO GONÇALVES, Data de Julgamento: 03/10/2018, CE - CORTE ESPECIAL, Data de Publicação: DJe 16/10/2018).

Seguindo a mesma linha, o AREsp nº 1.486.084/RJ[6], de relatoria do Ministro Francisco Falcão (2022), precedente em que foi deferida a penhora de 10% da renda bruta mensal do executado, com desconto em folha, na quantidade de parcelas necessárias para a satisfação do crédito, não a majorando no percentual em razão da vedação trazida pela Súmula 7 do STJ.

De acordo com o Ministro Francisco Falcão (2022), a regra inserida no artigo 833, IV, do CPC/2015, prevê a impenhorabilidade de remuneração salário ou similar recebido pelo devedor, cuja natureza é alimentar e se presume ser destinada ao sustento seu e de sua família, no entanto, a Corte Superior vem admitindo, excepcionalmente, que se possa alcançar parte da remuneração do devedor para satisfação do crédito, ainda que não seja de natureza alimentar, desde que se atente para o limite da penhora imposta.

No caso concreto, o Ministro Falcão (2022) ressaltou que diversas foram as tentativas de satisfação do crédito por parte do ente federal, sem êxito, contudo. A partir dessa observação é que se conclui pela possibilidade de execução do débito em parcelas fixadas em patamar baixo, incapaz de comprometer o sustento familiar, vedada a reanálise do percentual em sede de recurso especial pela incidência da Súmula 7/STJ.

Adotando inteligência similar, foram localizados outros precedentes de igual importância e destaque, pelas particularidades aventadas no bojo de suas fundamentações.

---

[6] "PROCESSUAL CIVIL E ADMINISTRATIVO. EXECUÇÃO. SERVIDOR PÚBLICO FEDERAL. DILIGÊNCIAS ESGOTADAS. PENHORA PARCIAL DE VERBA REMUNERATÓRIA. DESCONTO EM FOLHA. POSSIBILIDADE. PERCENTUAL INCAPAZ DE ABALAR O SUSTENTO FAMILIAR. SÚMULA 7/STJ. I - Trata-se, na origem, de agravo de instrumento contra decisão que deferiu o pleito de constrição e determinou o desconto em folha de pagamento do executado no valor mensal de 10% da sua remuneração bruta, na quantidade de parcelas necessárias à satisfação do crédito. O Tribunal de origem deu provimento ao recurso fundamentando se tratar de verba alimentícia. II - A regra inserta no art. 833, IV, do CPC/2015 prevê a impenhorabilidade de remuneração, salário ou similar recebido pelo devedor que, por se tratar de verba cuja natureza é alimentar, presume-se ser destinada ao seu sustento e de sua família. Entretanto, esta Corte Superior vem admitindo, excepcionalmente, que se possa alcançar parte da remuneração do devedor para satisfação de crédito, ainda que esse não seja de natureza alimentar, desde que se atente para o limite da penhora imposta. Precedentes: AgInt no AREsp n. 1.801.406/SP, relator Ministro Francisco Falcão, Segunda Turma, julgado em 25/4/2022, DJe de 28/4/2022; AgInt na Pet n. 14.028/PR, relator Ministro Herman Benjamin, Segunda Turma, julgado em 18/5/2021, DJe de 1/7/2021. III - No caso dos autos, colhe-se dos relatórios da decisão agravada e do acórdão recorrido que o título executivo data de 2007, tendo havido, desde então, diversas tentativas de satisfação do crédito por parte do ente federal, sem êxito, contudo. A partir dessa observação é que se concluiu pela possibilidade de execução do débito em parcelas fixadas em patamar baixo, incapaz de comprometer o sustento familiar. IV - Especificamente quanto ao percentual arbitrado pelo juiz, não é possível sua reanálise em sede de recurso especial, que não admite o revolvimento de fatos e provas. Incidência da Súmula 7/STJ. Precedente: AgInt no REsp n. 1.948.688/MS, relator Ministro Gurgel de Faria, Primeira Turma, julgado em 2/5/2022, DJe de 10/5/2022. V - Agravo conhecido e recurso especial provido." (AREsp n. 1.486.084/RJ, relator Ministro Francisco Falcão, Segunda Turma, julgado em 4/10/2022, DJe de 6/10/2022.)

Indo mais adiante, destaca-se o REsp nº 1.775.724/DF, de relatoria do Ministro Antônio Carlos Ferreira (2021), recurso que determinou o retorno dos autos para que o Tribunal de origem examinasse novamente a hipótese de mitigação da impenhorabilidade, outrora negada, aplicando ao caso concreto o entendimento jurisprudencial da Corte Superior.

Em outra perspectiva, versando sobre o tema análise econômica do direito e sobras salariais, destaca-se a decisão de relatoria do Ministro Raul de Araújo (2013), REsp nº 1.356.404/DF[7], cuja fundamentação aventou pontos doutrinários de relevo enfrentando os aspectos práticos da irrestrita impenhorabilidade e seus reflexos negativos no mercado de créditos.

Fundamentou o Ministro Araújo (2013), sob a ótica a análise econômica do direito, caso se entenda que o caráter alimentar da verba pecuniária recebe garantia legal absoluta e intransponível, os titulares desses valores, num primeiro momento, poderão experimentar uma sensação vantajosa e até auspiciosa para seus interesses. Porém é fácil prever que não terá de se aguardar muito tempo para perceber os reveses que tal irrazoabilidade irá produzir nas relações jurídicas dos supostos beneficiados, pois perderão crédito no mercado, passando a ser tratados como pessoas inidôneas para

7 "RECURSO ESPECIAL. PROCESSUAL CIVIL. CIVIL. AÇÃO MONITÓRIA. HONORÁRIOS ADVOCATÍCIOS. NATUREZA ALIMENTAR DA VERBA. IMPENHORABILIDADE (CPC, ART. 649, IV). MITIGAÇÃO. CIRCUNSTÂNCIAS ESPECIAIS. ELEVADA SOMA. POSSIBILIDADE DE AFETAÇÃO DE PARCELA MENOR DE MONTANTE MAIOR. DIREITO DO CREDOR. RECURSO NÃO PROVIDO. 1. É firme nesta Corte Superior o entendimento que reconhece a natureza alimentar dos honorários advocatícios e a impossibilidade de penhora sobre verba alimentar, em face do disposto no art. 649, IV, do CPC. 2. Contudo, a garantia de impenhorabilidade assegurada na regra processual referida não deve ser interpretada de forma gramatical e abstrata, podendo ter aplicação mitigada em certas circunstâncias, como sucede com crédito de natureza alimentar de elevada soma, que permite antever-se que o próprio titular da verba pecuniária destinará parte dela para o atendimento de gastos supérfluos, e não, exclusivamente, para o suporte de necessidades fundamentais. 3. Não viola a garantia assegurada ao titular de verba de natureza alimentar a afetação de parcela menor de montante maior, desde que o percentual afetado se mostre insuscetível de comprometer o sustento do favorecido e de sua família e que a afetação vise à satisfação de legítimo crédito de terceiro, representado por título executivo. 4. Sopesando criteriosamente as circunstâncias de cada caso concreto, poderá o julgador admitir, excepcionalmente, a penhora de parte menor da verba alimentar maior sem agredir a garantia desta em seu núcleo essencial. 5. Com isso, se poderá evitar que o devedor contumaz siga frustrando injustamente o legítimo anseio de seu credor, valendo-se de argumento meramente formal, desprovido de mínima racionalidade prática. 6. Caso se entenda que o caráter alimentar da verba pecuniária recebe garantia legal absoluta e intransponível, os titulares desses valores, num primeiro momento, poderão experimentar uma sensação vantajosa e até auspiciosa para seus interesses. Porém, é fácil prever que não se terá de aguardar muito tempo para perceber os reveses que tal irrazoabilidade irá produzir nas relações jurídicas dos supostos beneficiados, pois perderão crédito no mercado, passando a ser tratados como pessoas inidôneas para os negócios jurídicos, na medida em que seus ganhos constituirão coisa fora do comércio, que não garante, minimamente, os credores. 7. Recurso especial a que se nega provimento." (STJ - REsp: 1356404 DF 2012/0253188-7, Relator: Ministro RAUL ARAÚJO, Data de Julgamento: 04/06/2013, T4 - QUARTA TURMA, Data de Publicação: DJe 23/08/2013 RDDP vol. 128 p. 158 REVPRO vol. 225 p. 480)

os negócios jurídicos, na medida em que seus ganhos constituirão coisa fora do comércio, que não garante minimamente, os credores.

Pontuou também o Relator Araújo (2013) que a regra do artigo 649, IV do CPC/1973 (atual artigo 833, IV do CPC), não deve ser interpretada de forma gramatical e abstrata, assim, sopesando criteriosamente as circunstâncias de cada caso concreto, poderá o julgador admitir excepcionalmente a penhora de parte menor da verba alimentar maior sem agredir a garantia desta em seu núcleo essencial. Com isso, poder-se-á evitar que o devedor contumaz siga frustrando injustamente o legítimo anseio de seu credor, valendo-se de argumento meramente formal, desprovido de mínima racionalidade prática.

Destacou, por fim, o Ministro Araújo (2013) as considerações de Fredie Didier Júnior, Leonardo Carneiro da Cunha, Paula Sarno Braga e Rafael Oliveira (2009) acerca da sobra salarial, citando que

> [...] a impenhorabilidade dos rendimentos de natureza alimentar é precária: remanesce apenas durante o período de remuneração do executado. Se a renda for mensal, a impenhorabilidade dura um mês: vencido o mês e recebido novo salário, a "sobra" do mês anterior perde a natureza alimentar, transformando-se em investimento. (DIDIER et al., 2009, p. 553-555).

Por sua vez, acerca das sobras salariais, destaca-se o REsp nº 1.230.060, de relatoria da Ministra Isabel Gallotti (2011)[8], decisão onde foi deferida a penhora sobre as sobras salariais, assim entendidas como investimento perdendo sua natureza alimentar, em que se pese a configuração de reserva de capital ao serem excedentes ao suprimento das necessidades básicas do devedor.

[8] "RECURSO ESPECIAL. PROCESSUAL CIVIL. IMPENHORABILIDADE. ARTIGO 649, IV e X, DO CPC. FUNDO DE INVESTIMENTO. POUPANÇA. LIMITAÇÃO. QUARENTA SALÁRIOS-MÍNIMOS. PARCIAL PROVIMENTO. 1. A remuneração a que se refere o inciso IV do art. 649 do CPC é a última percebida, no limite do teto constitucional de remuneração (CF, art. 37, XI e XII), perdendo esta natureza a sobra respectiva, após o recebimento do salário ou vencimento seguinte. Precedente. 2. O valor obtido a título de indenização trabalhista, após longo período depositado em fundo de investimento, perde a característica de verba salarial impenhorável (inciso IV do art. 649). Reveste-se, todavia, de impenhorabilidade a quantia de até quarenta salários-mínimos poupada, seja ela mantida em papel-moeda; em contracorrente; aplicada em caderneta de poupança propriamente dita ou em fundo de investimentos, e ressalvado eventual abuso, má-fé, ou fraude, a ser verificado caso a caso, de acordo com as circunstâncias da situação concreta em julgamento (inciso X do art. 649). 3. Recurso especial parcialmente provido." (STJ - REsp: 1230060, Relator: Ministra MARIA ISABEL GALLOTTI, Data de Publicação: DJ 08/04/2011)

Na fundamentação, a Relatora Galotti (2011) afirmou que as sobras salariais, após decurso de lapso temporal, passam a ter natureza de investimento, entendimento defendido por Dinamarco (2004, p. 351):

> Enquanto esses valores forem de monta apenas suficiente para prover ao sustento durante um tempo razoável, eles são impenhoráveis, porque privar deles o trabalhador seria privá-lo do próprio sustento; mas quando os valores se avultam a ponto de se converterem em verdadeiro patrimônio, é natural que se submetam à penhora e execução, tanto quanto o patrimônio mobiliário ou imobiliário adquirido com o fruto do trabalho (cada caso comportará um exame segundo as circunstâncias e as necessidades do devedor e de sua família).

Nesse contexto, repisou a Ministra Galotti (2011) que, após o recebimento do salário do período seguinte, quer permaneçam na conta corrente destinada ao recebimento da remuneração, quer sejam investidas em caderneta de poupança ou outro tipo de aplicação financeira, não mais desfrutam da natureza de impenhorabilidade decorrente do inciso IV.

Continuou Galotti (2011), em relação às sobras, pode-se, portanto, cogitar da impenhorabilidade prescrita no inciso X, do mesmo artigo — o qual confere tal caráter, até o limite de 40 salários-mínimos, à "quantia depositada em caderneta de poupança" —, mas não da impenhorabilidade estabelecida no inciso IV.

Ao final, destacam-se os embargos de divergência no REsp nº 1.874.222/DF[9], de relatoria do Ministro João Otávio Noronha, ainda pendentes de publicação, no qual foi deferida a penhora de 30% dos rendimentos brutos do devedor, e se constatou no voto do relator interessantíssima pas-

[9] "PROCESSUAL CIVIL. EMBARGOS DE DIVERGÊNCIA EM RECURSO ESPECIAL. EXECUÇÃO DE TÍTULO EXTRAJUDICIAL. PENHORA. PERCENTUAL DE VERBA SALARIAL. IMPENHORABILIDADE (ART. 833, IV e § 2º, CPC/2015). RELATIVIZAÇÃO. POSSIBILIDADE. CARÁTER EXCEPCIONAL. 1. O CPC de 2015 trata a impenhorabilidade como relativa, podendo ser mitigada à luz de um julgamento princípio lógico, mediante a ponderação dos princípios da menor onerosidade para o devedor e da efetividade da execução para o credor, ambos informados pela dignidade da pessoa humana. 2. Admite-se a relativização da regra da impenhorabilidade das verbas de natureza salarial, independentemente da natureza da dívida a ser paga e do valor recebido pelo devedor, condicionada, apenas, a que a medida constritiva não comprometa a subsistência digna do devedor e de sua família. 3. Essa relativização reveste-se de caráter excepcional e só deve ser feita quando restarem inviabilizados outros meios executórios que possam garantir a efetividade da execução e desde que avaliado concretamente o impacto da constrição na subsistência digna do devedor e de seus familiares. 4. Ao permitir, como regra geral, a mitigação da impenhorabilidade quando o devedor receber valores que excedam a 50 salários mínimos, o § 2º do art. 833 do CPC não proíbe que haja ponderação da regra nas hipóteses de não excederem (EDcl nos EREsp n. 1.518.169/DF, relatora Ministra Nancy Andrighi, Corte Especial, DJe de 24.5.2019). 5. Embargos de divergência conhecidos e providos." (EREsp n. 1.874.222/DF, relator Ministro João Otávio de Noronha, Corte Especial, julgado em 19/4/2023, DJe de 24/5/2023.)

sagem, qual seja a possibilidade de penhora salarial independentemente do montante recebido pelo devedor, desde que preservado valor que assegure subsistência digna para ele e sua família.

Salientou o Ministro Noronha (2023) que a fixação do limite de 50 salários-mínimos merece críticas, na medida em que se mostra muito destoante da realidade brasileira, tornando o dispositivo praticamente inócuo, além de não traduzir o verdadeiro escopo da impenhorabilidade, que é a manutenção de uma reserva digna para o sustento do devedor e de sua família.

Concluiu o Relator Noronha (2023) que se mostra possível a relativização do parágrafo 2º do artigo 833 do CPC/2015, de modo a se autorizar a penhora salarial de verba inferior a 50 salários-mínimos, em percentual condizente com a realidade de cada caso concreto, desde que assegurado montante que garanta a dignidade do devedor e de sua família, independentemente do montante recebido pelo devedor.

Com base na análise jurisprudencial, é possível afirmar que existem pontos norteadores que são similares nas decisões em que foram deferidas penhoras das verbas de natureza alimentar em execução de dívida não alimentícia, e que serão objeto de discussão no próximo tópico.

APONTAMENTOS ACERCA DA MITIGAÇÃO DO ARTIGO 833, IV, DO CPC

Sabe-se que as verbas de natureza alimentar receberem tratamento especial conferido pelo legislador, gravando-as com a impenhorabilidade, visando à humanização da execução, consubstanciada em limites à satisfação do credor titular de dívida exequenda, visando garantir o mínimo necessário para a manutenção da dignidade do devedor e de sua família, o mínimo existencial.

Tais verbas consignadas no artigo 833, IV, do CPC/2015, são hipóteses diversificadas, meramente exemplificativas, perfeccionando um gênero "remuneração", consistentes na contraprestação pecuniária entregue a um indivíduo pela atividade laboral exercida em determinado lapso temporal, ainda que em período de inatividade.

Sabe-se, também, que a impenhorabilidade a elas conferida não é absoluta, isto porque existe previsão de exceção expressa na lei, que autoriza a penhora de "importâncias excedentes a 50 (cinquenta) salários-mínimos mensais" (artigo 833, § 2º do CPC/2015), em caso de dívida exequenda de créditos não alimentares.

Assim dizer, a impenhorabilidade das verbas de natureza alimentar é regida pelo direito ao mínimo existencial, ou seja, regida pelo princípio da "dignidade da pessoa humana", direito fundamental, fundamento basilar da República (artigo 1º, III, da CF/1988).

Ocorre que a jurisprudência pátria tem evoluído no sentido de se mitigar a regra de impenhorabilidade insculpida em tal dispositivo legal, para a satisfação de dívidas de créditos não alimentícios, ou seja, títulos judiciais ou extrajudiciais fundados em contratos, cheques, notas promissórias, dentre outros.

Dessa forma, evidencia-se que, ao flexibilizar a regra de impenhorabilidade das verbas de natureza alimentar nas execuções de dívidas não alimentares, há clara supressão de direito fundamental, neste horizonte, colidem o direito da dignidade da pessoa humana, com o direito do credor da efetiva satisfação da dívida exequenda.

Acerca do tema, Didier Júnior e colaboradores (2022, p. 84) esclarecem:

> A execução é ambiente propício para o surgimento de conflito entre diversos princípios. O princípio da efetividade choca-se muitas vezes com os princípios que protegem o executado, como o princípio da dignidade humana, que, embora sirva ao exequente, costuma ser invocado para fundamentar a existência de uma série de regras de tutela do executado, como, por exemplo, as regras que preveem as impenhorabilidades.

Neste horizonte de colisão de direitos fundamentais na execução, é de fundamental importância observar as normas que desses direitos emanam, realizando-se um juízo de ponderação, um controle de constitucionalidade da lei em abstrato, com a finalidade de trazer equilíbrio entre a lei e a norma, caso a caso, evitando-se o excesso de proteção do devedor e a eterna frustação da tutela executiva em desfavor do credor.

No juízo de ponderação é "imprescindível rememorar que o órgão jurisdicional deve observar as normas garantidoras de direitos fundamentais (dimensão objetiva dos direitos fundamentais) e proceder ao controle de constitucionalidade das leis, uma vez que elas podem ser constitucionais em tese, mas, in concreto, podem revelar-se inconstitucionais" (DIDIER et al., 2022, p. 68-69).

Desse modo,

> [...] o órgão jurisdicional deve fazer o controle de constitucionalidade in concreto da aplicação das regras de impenhorabilidade e, se a sua aplicação se revelar inconstitucional, porque não razoável ou desproporcional, deve afastá-la, construindo a solução devida para o caso concreto. (DIDIER et al., 2022, p. 69)

Com efeito, na espécie, o juízo de ponderação tem sido realizado com frequência pelos magistrados, caso a caso. Conforme foi demonstrado nesta pesquisa de forma contundente, há precedentes que já foram norteadores para outras centenas de decisões no sentido de se mitigar a impenhorabilidade das verbas remuneratórias quando das execuções de dívidas não alimentares.

Analisando os resultados da pesquisa jurisprudencial, é possível afirmar que a impenhorabilidade das verbas previstas no artigo 833, IV, do CPC/2015, além outras verbas que possuam natureza alimentar, que constituem o gênero "remuneração" (uma vez que as verbas ali consignadas são meramente exemplificativas), podem ser mitigadas de modo que os descontos não ultrapassem o limite de 30% dos rendimentos brutos do devedor, independentemente do montante recebido pelo devedor.

A jurisprudência selecionada para o ensaio aponta na direção que a percentagem possui o valor limítrofe de até 30% dos rendimentos brutos do devedor, contudo, os números, em termos de percentagem para abaixo deste limite, apresentam grande variabilidade, sendo deferidas penhoras de 10%, por exemplo.

Nesse contexto de percentagem deferida, acredita-se que essa variação pode ser perfeccionada de acordo com os pedidos realizados pelas partes exequentes, ou ainda, acredita-se que em determinados casos concretos, esse limite pode ter sido estabelecido em razão da preservação do mínimo existencial, não sendo possível clarificar este ponto precisamente.

Aclarou-se também duas questões de interessantíssimo relevo para o assunto impenhorabilidades do artigo 833, IV, do CPC/2015, e sua respectiva flexibilização: a análise econômica do direito na espécie e as sobras salariais.

Quanto às sobras salariais, oriundas do gênero "remuneração", defende parte da doutrina, entendimento coadunado pela jurisprudência (ARAÚJO, 2013), que a remuneração percebida pelo devedor em contrapartida de seu labor tem sua impenhorabilidade eventualmente garantida legalmente pelo exato período em que é recebida a próxima prestação, ou seja, estabelece-se um limite temporal para a impenhorabilidade, dessa forma, os valores que permanecerem em conta configuram sobras salariais, que, a partir de então, perdem sua natureza alimentar e passam a adquirir natureza de investimento, uma vez satisfeitas as necessidades básicas do devedor naquele período e constatado residual pecuniário remanescente em conta.

> A impenhorabilidade dos rendimentos de natureza alimentar é precária: remanesce apenas durante o período de remuneração do executado. Se a renda for mensal, a impenhorabilidade dura um mês: vencido o mês e recebido novo salário, a "sobra" do mês anterior perde a natureza alimentar; transformando-se em investimento. (DIDIER et al., 2022, p. 874).

Ainda, o limite temporal é necessário "sem o qual ele constituirá instrumento abusivo de um iníquo privilégio em favor do devedor; para considerar que a impenhorabilidade de toda a remuneração, somente perdura no mês da percepção" (GRECO, 2001, p. 21).

Assim dizer, "a parte da remuneração que não for utilizada em cada mês, por exceder as necessidades de sustento suas de sua família, será penhorável, como qualquer outro bem de seu patrimônio" (GRECO, 2001, p. 21).

Entendimento utilizado pela Ministra Isabel Gallotti (2014) em voto no REsp nº 1.230.060, quando sustentou que "perde a natureza alimentar e, conseguintemente, o atributo da impenhorabilidade" as sobras salariais, extrapolado esse limite temporal.

Quanto à análise econômica do direito, o que foi observado é que se revela excessiva a proteção do devedor, haja vista que a regra explicitada de impenhorabilidade consignada no parágrafo 2º do artigo 833 do CPC/2015 está muito para além do que é a realidade da renda de um homem mediano na sociedade brasileira. "O equivalente a 50 (cinquenta) salários-mínimos é demasiadamente alto para os padrões salariais brasileiros" (ALVIM et al., 2016, p. 2010).

Nesse passo,

> [...] teria sido melhor e mais razoável permitir ao juiz que, analisando-se o caso concreto, fixasse a parcela a ser decotada dos vencimentos do executado, atento à sua sobrevivência digna, mas sem perder de vista também a dignidade do exequente (ALVIM et al., 2016, p. 2010).

O mesmo ponto sob outro prisma, tem-se que a exacerbada proteção do devedor, assim desejada pelo legislador, acaba por prejudicá-lo ao invés de protegê-lo, "isto porque de plano poderão experimentar uma sensação vantajosa, contudo, os reflexos no mercado a médio prazo, trarão ao devedor a chancela de pessoa inidônea, obstando-lhe o crédito" (ARAÚJO, 2013), além de aumento do custo das operações de crédito de modo geral.

Não se pode olvidar que os reflexos da eterna insatisfação da dívida exequenda no mercado prejudicam não só os devedores, mas sim toda a sociedade que inequivocadamente irá absorver esses custos através de repasse indireto nos custos das operações de modo geral, salientando-se assim a relevância do tema que traz repercussão geral no mercado.

CONSIDERAÇÕES FINAIS

Historicamente, a impenhorabilidade das verbas alimentares dispositiva, atualmente insculpida na redação do artigo 833, IV, do CPC/2015, com regra de exceção explicita no parágrafo 2º do mesmo artigo, foi criada e aperfeiçoada pelo legislador no sentido de trazer proteção para o devedor na execução de modo que fosse assegurado um mínimo existencial para ele e sua família, preservando assim a sua dignidade.

Na execução de dívida não alimentícia, aplica-se a regra de exceção da impenhorabilidade prevista no parágrafo 2º do artigo 833, IV, do CPC/2015, regra dispositiva que merece críticas, pois a fixação do limite de 50 salários-mínimos está destoante da realidade do homem mediano na sociedade brasileira. Assim dizer, ínfima parcela da população aufere tais rendimentos, tornando a regra de exceção inócua à realidade dos que se socorrem do Judiciário para satisfazer créditos de natureza não alimentar, quais sejam, os oriundos de contratos, títulos e documentos em geral.

Atento a essa questão de importantíssimo relevo, o Judiciário não ficou silente e se observa na jurisprudência, especialmente naquela do STJ, uma resposta a essa inocuidade da regra de exceção da impenhorabilidade, ao permitir, de acordo com o caso concreto, a penhora de percentual de verba de natureza alimentar (salarial) para satisfação de dívida exequenda de natureza não alimentícia.

Essa resposta do Judiciário, consubstanciada na mitigação da regra de impenhorabilidade das verbas salariais, mostrou-se fundamental para possível reequilíbrio da razoabilidade e proporcionalidade no cenário da execução de dívidas de natureza não alimentar que até então se mostrava abusiva, apenas favorecia os direitos fundamentais do devedor, esquecendo-se dos que assistiam ao credor.

A jurisprudência saiu da literalidade do dispositivo, contrapondo-se à aplicação rígida, linear e inflexível do conceito de impenhorabilidade, e aprofundou-se na norma, buscando efetividade a ela e, para tanto, identificou que o legislador, ao suprimir a palavra "absolutamente" da redação dispositiva no novo Código de Processo Civil, passou a tratar a impenhorabilidade como relativa, permitindo mais espaço ao julgador durante a realização do juízo de ponderação entre os direitos do credor e do devedor.

No juízo de ponderação há sempre colisão de direitos fundamentais e, no caso da mitigação da impenhorabilidade das verbas de natureza alimentar em execução de dívida não alimentícia, em que pese a ponderação dos princípios da menor onerosidade para o devedor e da efetividade da execução para o credor, não poderia ser diferente, eis que o princípio da dignidade da pessoa humana assiste tanto ao devedor quanto ao credor, havendo o equilíbrio antes inexistente nesse conflito nos critérios de razoabilidade e proporcionalidade.

De tal sorte que a mitigação da impenhorabilidade das verbas salariais tornou-se uma realidade, uma resposta do Judiciário efetiva para a contumaz insatisfação das dívidas exequendas dessa natureza, claro que observado cada caso em concreto para que não ocorra afronta à norma dispositiva e a decisão seja considerada violação de Lei Federal e consequentemente inconstitucional.

Não obstante, é salutar destacar que a mitigação da regra de impenhorabilidade das verbas de natureza alimentar observada durante a pesquisa aponta que o Judiciário está em sintonia com a economia e atenta às correntes doutrinárias, uma vez que as decisões analisadas foram exaustivamente fundamentadas das mais variadas formas, visando justamente à análise de cada caso em concreto, saindo da literalidade da lei e adentrando na efetiva norma de forma mais ampla, buscando uma resposta eficaz nesta fase tão importante que é a execução.

Portanto o ensaio enfrentou pontos importantes e pouco explorados pelos operadores do direito quando da execução de dívida não alimentícia, qual seja a possibilidade da mitigação da impenhorabilidade das verbas de natureza alimentar insculpida no artigo 833, IV, do CPC/2015, apontando ainda para a importância da análise econômica do direito, para a questão da desconfiguração da natureza alimentar das verbas salariais quando recebida nova parcela e da existência de residual em conta que adquire natureza de investimento sendo passível de penhora.

5

(IM)PENHORABILIDADE DO BEM DE FAMÍLIA POR DÍVIDAS DO ESPÓLIO

Eduarda Sprea Ciscato

A MORTE DA PESSOA NATURAL E A SUCESSÃO DA HERANÇA POR ELA DEIXADA

A existência da pessoa natural termina com a morte real, portanto somente após a morte que se abre a sucessão, transmitindo, assim, automaticamente, a herança aos herdeiros legítimos e testamentários do de cujus. Nesse ínterim,

> [...] a herança nada mais é do que a soma dos bens, dívidas, créditos, débitos, direitos e obrigações, pretensões e ações, das quais, era titular o falecido, bem como das que contra ele foram propostas, desde que transmissíveis (Golcalves, 2017, p. 27).

Desse modo, haja vista a impossibilidade de o patrimônio do falecido permanecer sem titular, impõe-se, com a morte, a transmissão da herança, visando, por assim, dar continuidade à titularidade das relações jurídicas do de cujos, como bem preceitua Golçalves (2017, p. 27). Em regra, para que se possa considerar aberta a sucessão de uma pessoa, é essencial a prova de sua morte real, mediante a apresentação do atestado de óbito. Ocorre que há situações em que o corpo do falecido não é encontrado, o que impossibilita a aludida constatação e o fornecimento do atestado de óbito, bem como o registro deste. Em casos como esse, a Lei dos Registros Públicos (Lei n.º 6.015/73) prevê^ um procedimento de justificação. Portanto, a morte prevista em lei abrange tanto a morte natural como a presumida.

Nesse sentido, entende-se como morte presumida a ausência da pessoa, que desaparece do seu domicílio sem dar notícias de seu paradeiro e sem deixar um representante para administrar-lhe os bens[10] , como aduz Gozzo (2004).

Em adição, abrange-se também os que estavam em perigo de vida decorrente de qualquer situação, sendo passível de conclusão de morte. Em casos como esse, só poderá ser requerida a declaração de morte após "esgotadas as buscas e averiguações, devendo a sentença fixar a data provável do falecimento"[11] . Assim, tem-se que

> [...] a abertura da sucessão e a transmissão da herança aos herdeiros ocorrem num só momento, ao passo que os herdeiros tornam-se donos dos bens deixados pelo de cujos, ainda que não possuam conhecimento da morte do autor sucessório, ou mesmo que a herança lhes foi transmitida (Veloso, 2003, p. 1598).

Essa fase consiste no princípio da saisine, tal qual aduz que o falecido transmite ao sucessor a propriedade e posse da herança. Todavia, devem os herdeiros aceitar ou repudiar o legado, uma vez que a aceitação da herança tem o efeito de tornar definitiva a transmissão que já tenha ocorrido[12]. No caso de rejeição, tem-se por não realizada a transmissão[13], já no caso de aceitação, ante a sucessão, os herdeiros ficam responsáveis pelas obrigações e dívidas deixadas pelo de cujus, no limite da sua cota hereditária.

A RESPONSABILIDADE DOS HERDEIROS E O PAGAMENTO DOS CREDORES DO AUTOR DA HERANÇA

O espólio pode gerir e administrar as obrigações e débitos contraídos pelo de cujus, bem como dívidas inafastáveis adquiridas no processo de apuração da herança. Portanto, podem ser classificados os credores das dívidas em duas espécies:

> 1. Credores do falecido; e 2. Credores póstumos, que seriam os credores do espólio, pois surgidos após a morte do autor da herança. A herança abrange a responsabilidade apenas com pelas dívidas do falecido (Venosa, 2017, p. 382).

---

[10] Art. 22, CC: desaparecendo uma pessoa do seu domicílio sem dela haver notícia, se não houver deixado representante ou procurador a quem caiba administrar-lhe os bens, o juiz, a requerimento de qualquer interessado ou do Ministério Público, declarará a ausência e nomear-lhe-á curador.

[11] Art. 7, parágrafo único, CC: a declaração da morte presumida, nesses casos, somente poderá ser requerida depois de esgotadas as buscas e averiguações, devendo a sentença fixar a data provável do falecimento.

[12] Art. 1.804, caput, CC: aceita a herança, torna-se definitiva a sua transmissão ao herdeiro, desde a abertura da sucessão.

[13] Art. 1.804, parágrafo único, CC: a transmissão tem-se por não verificada quando o herdeiro renuncia a herança.

No Direito Romano, a responsabilidade contraída pelos herdeiros frente às dívidas deixadas pelo de cujos era ilimitada e absoluta. Junto da herança, ressalta Pereira (2019, p. 55) que eram transmitidos todos os haveres e encargos do falecido. Ou seja, o patrimônio do herdeiro confundia-se com o do autor da herança, haja vista que esse respondia ultra vires hereditares (além das forças da herança) pelos débitos deixados por aquele, como preceituam Leite e Gonçalves (2009, p. 69, 2017, p. 50). Entretanto, segundo Gonçalves e Lacerda (2017, p. 51, 1915, p. 139), no direito pré-codificado, muito comum tornou-se a aceitação da herança sob o benefício do inventário, uma vez que tal instrumento é uma medida de acautelamento do herdeiro contra o excesso das dívidas, limitando sua responsabilidade.

Nesse ínterim, o legislador estabeleceu que a responsabilidade dos herdeiros não deve ultrapassar as forças da herança[14]. No inventário, portanto, realiza-se um levantamento do deixado pelo falecido e só serão partilhados entre os herdeiros os bens que restarem depois de devidamente pagas todas as dívidas que a herança suportar. Assim, ao responsabilizar-se pelas dívidas, o espólio responderá a cada herdeiro na proporção de seus quinhões, no limite da massa, uma vez que a herança é recebida sob benefício de inventário. Com efeito, destaca-se a posição de Venosa (2013, p. 381), que entende pela larga vantagem quando o inventário é realizado em juízo, eis que distingue-se a massa hereditária do patrimônio do herdeiro, para que este não arque tão somente com valores devidos pelo espólio, não havendo, todavia, confusão patrimonial.

O artigo 642, do Código de Processo Civil, permite que, antes da partilha, os credores possam pedir ao juízo do inventário o pagamento das dívidas vencidas e exigíveis, ao passo que terá de se habilitar no inventário antes mesmo da divisão da massa[15]. Após a partilha do espólio, explica Venosa (2013, p. 383) que o credor não estará inibido de satisfazer seu crédito, porém irá fazê-lo proporcionalmente ao que cada herdeiro recebeu do monte. Ressalta-se que o artigo supracitado tange dívidas vencidas e exigíveis. No caso de dívidas a vencer, em que o vencimento se dará após a partilha, dispõe o artigo 644, do CPC, que, desde que seja o débito por vencer líquido e certo, poderá esse credor habilitar-se no inventário e, com o consentimento dos interessados, o magistrado determinará uma separação

[14] Art. 1792, CC: o herdeiro não responde por encargos superiores às forças da herança; incumbe-lhe, porém, a prova do excesso, salvo se houver inventário que a escuse, demostrando o valor dos bens herdados.

[15] Art. 642, CPC: antes da partilha, poderão os credores do espólio requerer ao juízo do inventário o pagamento das dívidas vencidas e exigíveis.

de bens para futuro pagamento[16]. Caso a dívida a vencer não seja líquida e certa, deve o credor ingressar, o quanto antes, com as ações competentes, tornando o debate litigioso.

De mais a mais, defende Venosa (2013, p. 385) que os credores do espólio, uma vez que têm como garantia todo o patrimônio hereditário, podem, na falta de nomeação de bens pelo devedor, pedir a penhora sobre qualquer bem da herança, como fariam com relação ao patrimônio do falecido, se vivo fosse. Ainda mais, se o passivo do acervo hereditário for superior ao ativo, forma-se o concurso de credores, regendo-se as preferências e privilégios, de acordo com os artigos 955 a 965, do Código de Processo Civil e como etendem Gomes, Golçalves e Venosa (2019, p. 296, 2017, p. 51, 2013, p. 385).

O concurso de credores é instaurado por procedimento de declaração de insolvência e deve o inventariante requerê-lo. Nesse sentido, para que o herdeiro não se responsabilize pelas dívidas que ultrapassarem o ativo hereditário, deve esse provar tal excesso, "salvo se houver inventário que a escuse, demonstrando o valor dos bens herdados"[17]. Nessa seara, Veloso (2003, p. 340-341) afirma que os credores têm preferência para receber o que lhes é devido, sendo que os sucessores apenas exercem seus direitos após cessarem com os débitos do de cujos. Tal preferência decorrerá da própria natureza do crédito, como argumenta Venosa (2013, p. 385).

O BEM DE FAMÍLIA DO DE CUJUS E O PRINCÍPIO DA SAISINE: TRANSMISSÃO DO DOMÍNIO E DA POSSE AOS HERDEIROS COM OS MESMOS CARACTERES

Como mencionado anteriormente, o princípio da saisine consiste na transmissão da posse dos bens deixados pelo sucessor com os mesmos caracteres aos herdeiros, sem necessária aceitação prévia para a sua ocorrência. Portanto, segundo Planiol (T.3, p. 1929-1930), quanto aos conceitos, saisine significa posse, e saisine héréditaire quer dizer que os herdeiros do falecido têm o direito de tomar posse de seus bens. É pelo princípio da saisine que o artigo 1784, do Código de Processo Civil, dispõe que "aberta a sucessão, a herança transmite-se, desde logo, aos herdeiros legítimos e testamentários".

[16] Art. 644, CPC: o credor de dívida líquida e certa, ainda não vencida, pode requerer habilitação no inventário. Parágrafo único: concordando as partes com o pedido referido no caput, o juiz, ao julgar habilitado o crédito, mandará que se faça separação de bens para o futuro pagamento.

[17] Art. 1792, CC., op cit.

De acordo com o Código Civil Frances[18], em seu artigo 724, e com o que defende Gonçalves (2017, p. 33), os herdeiros são investidos de pleno direito nos bens, direitos e ações do defunto. Em outras palavras, preceitua Pontes de Miranda (1972, p. 16-17), ao alegar que transferem-se os créditos, dívidas, pretensões, obrigações e ações do falecido. É dessa maneira que preceituam os artigos 1206 e 1207, do Código Civil, ao aduzir que "sucessor universal continua de direito a posse do seu antecessor", com "os mesmos caracteres". Assim, de acordo com Leite (2009, p. 6), é o princípio da saisine que atesta que a posse da herança se transmite in continenti aos herdeiros. O princípio da saisine é fundamental para o Direito Sucessório, pois visa por impedir que o patrimônio do de cujos fique sem titular, enquanto se aguarda pela transferência definitiva dos bens do de cujus para os herdeiros. É nesse sentido que preceituam Gagliano (2019, p. 71-76), Hironaka (2014, p. 38-40), Venosa (2013, p. 13-15), Tartuce (2011, p. 1888-1889), Wald (2012, p. 22) e Tepentino (2020, p. 34-35).

Como dispõe Pereira (2017, p. 421), não se considera, no entanto, a partilha da herança um ato de transferência dominial inter heredes, uma vez que aos herdeiros já precedentemente se transmite a herança com a regência do princípio da saisine. Por esse motivo, de acordo com Navares (2009, p. 186), a partilha detém de efeito declaratório, apenas, e não atributivo da propriedade. Portanto, no que concerne aos efeitos da saisine, é importante destacar a

> [...] imediata mutação subjetiva, ou seja, a simultânea transferência dos bens aos herdeiros com a morte do sucedido, bem como a legitimidade ad causam da morte do autor da herança, sendo passível de proteção contra terceiros (Pereira, 2017, p. 39-40).

Assim, defende Pereira (2017, p. 40) que poderão os herdeiros ingressar como polo passivo de ações propostas contra o de cujos, além de ter a capacidade de propor ações contra possíveis ameaças à posse da herança. Ressalta-se, quanto ao referido princípio, que o Código Civil dispõe que, em caso de renúncia da herança pelo sucessor, tem-se por não verificado a surgência da saisine[19]. Ainda, outra exceção ao princípio da saisine é em caso de o autor da herança deixar seu legado sem herdeiros. Em situações como essa, a regra da saisine não rege perante o Poder Público.

[18] Art. 724, CC Frances: les héritiers legitimes et les héritiers naturels sont saisis de plein droit des biens, droits et actions du defunt, sous l'obligation d'acquiter toutes les charges de la sucession.

[19] Art. 1804, parágrafo único, CC: a transmissão tem-se por não verificada quando o herdeiro renuncia à herança. Ver também: Pereira (2017, p. 72).

Com efeito, para que seja transmitido os bens do de cujus ao Estado, necessária se faz, segundo Pereira (2017, p. 186), uma sentença de vacância, declarando que os bens vagos serão transmitidos à Fazenda Pública. Conquanto ao bem de família deixado pelo autor da herança, entende-se que sua posse e propriedade serão transmitidas aos herdeiros com os mesmos caracteres no exato instante da morte, ou seja, com a incidência do princípio da saisine.

(IM)PENHORABILIDADE DO BEM DE FAMÍLIA POR DÍVIDAS DO ESPÓLIO

De acordo com Didier, Da Cunha, Braga e Oliveira (2021, p. 843), a impenhorabilidade é uma restrição do direito fundamental à tutela executiva. Isso pois trata-se de uma técnica processual limitadora, que visa por proteger alguns bens jurídicos relevantes, como bem preceitua Zaneti (2017, p. 173). Nessa seara, por se tratar de um método de restrição, sua aplicação deve submeter-se à ponderação, analisando as circunstâncias de cada caso concreto.

Com o advento da Lei 8009/90, foi instituída a impenhorabilidade do imóvel residencial do casal ou da entidade familiar por qualquer dívida, salvo as exceções do artigo 3º, argumentado por Didier, Da Cunha, Braga e Oliveira (2021, p. 843). Dessa maneira, entende-se que a proteção da moradia é indispensável à preservação da dignidade da pessoa (Piardi, 2022). Ainda nessa seara, o artigo 5, inciso XXII, da CF/88, institui à população, como garantia fundamental, o direito de possuir bem imóvel[20]. O artigo 1º, da Lei 8.009/1990, estabelece que o

> [...] imóvel residencial próprio do casal, ou da entidade familiar, é impenhorável e não responderá por qualquer tipo de dívida civil, comercial, fiscal, previdenciária ou de outra natureza, contraída pelos cônjuges ou pelos pais ou filhos que sejam seus proprietários e nele residam, salvo nas hipóteses previstas nesta lei.

O parágrafo único aduz que "a impenhorabilidade compreende o imóvel sobre o qual se assentam a construção, as plantações, as benfeitorias de qualquer natureza e todos os equipamentos, inclusive os de uso profissional, ou móveis que guarnecem a casa, desde que quitados". Ainda, o artigo 2, caput, complementa

[20] Art. 5, XXII, CF/88: todos são iguais perante a lei, sem distinção de qualquer natureza, garantindo-se aos brasileiros e aos estrangeiros residentes no país a inviolabilidade do direito à vida, à liberdade, à igualdade, à segurança e à propriedade, nos termos seguintes: XXII – é garantido o direito de propriedade.

acerca da exclusão da proteção de veículos de transporte, obras de arte e adornos suntuosos. À vista do indivíduo deter de mais de um imóvel, a impenhorabilidade recai, conforme dispõe o artigo 5º, caput, da Lei 8.009/1990, sobre aquele bem em que haja moradia permanente[21].

Ainda, alega Tepedino (2020, p. 376) que, se vários imóveis forem utilizados como residência, a impenhorabilidade recairá sobre o de menor valor, salvo se sobre outro tiver sido regularmente constituído bem de família convencional[22]. O artigo 3 da referida legislação prevê exceções quanto à impenhorabilidade do bem de família. Portanto, não há impenhorabilidade na execução:

> i) "pelo titular do crédito decorrente do financiamento destinado à construção ou à aquisição do imóvel, no limite dos créditos e acréscimos constituídos em função do respectivo contrato; (ii) pelo credor da pensão alimentícia, resguardados os direitos, sobre o bem, do seu coproprietário que, com o devedor, integre união estável ou conjugal, observadas as hipóteses em que ambos responderão pela dívida; (iii) para cobrança de impostos, predial ou territorial, taxas e contribuições devidas em função do imóvel familiar; (iv) para execução de hipoteca sobre o imóvel oferecido como garantia real pelo casal ou pela entidade familiar; (v) por ter sido adquirido com produto de crime ou para execução de sentença penal condenatória a ressarcimento, indenização ou perdimento de bens; e (vi) por obrigação decorrente de fiança concedida em contrato de locação" (Tepedino, 2020, p. 377).

Não obstante, o artigo 4, da Lei 8009/90, argumenta sobre a invalidade de atos praticados em fraude, não estendendo o benefício da impenhorabilidade aos que adquiriram o imóvel mais valioso de má-fé, já sabendo-se insolvente, a fim de transferir a moradia familiar[23]. Ocorre que, na hipótese do artigo 1, da Lei, e sendo princípio fundamental do Direito Sucessório, há o Princípio da Saisine, disposto no artigo 1.784, do Código Civil[24], que, como discorrido previamente no tópico anterior, após a morte do dono do

---

[21] Art. 5, caput: para os efeitos de impenhorabilidade, de que trata essa lei, considera-se residência um único imóvel utilizado pelo casal ou pela entidade familiar para moradia permanente. Ver também: TEPEDINO, Gustavo. Fundamentos do direito civil: teoria geral do direito civil. 3 ed. Rio de Janeiro: Forense, 2022. p. 376.

[22] Art. 5, parágrafo único: na hipótese de o casal ou entidade familiar, ser possuidor de vários imóveis utilizados como residência, a impenhorabilidade recairá sobre o de menor valor, salvo se outro tiver sido registrado, para esse fim, no Registro de Imóveis e na forma do Art. 70 do Código Civil.

[23] Art. 4, caput, Lei n.º 8009/90: não se beneficiará do disposto nesta lei aquele que, sabendo-se insolvente, adquire de má-fé imóvel mais valioso para transferir a residência familiar, desfazendo-se ou não da moradia antiga.

[24] Art. 1784, CC: aberta a sucessão, a herança transmite-se, desde logo, as herdeiros legítimos e testamentários.

bem de família, autor da herança, imediata é a transferência do imóvel aos seus sucessores legítimos e testamentários.

De certo, em regra, que o imóvel familiar é impenhorável. Mas como fica o credor, nos casos de descumprimento de obrigação, em que não se tem nada a penhorar, exceto o bem de família? Ainda mais, quando do falecimento do devedor, o imóvel do bem de família será transmitido para os seus herdeiros — haja vista o princípio da saisine — ou poderia esse ser utilizado para cessar com o débito havido pelo de cujus, de modo a liquidar com o passivo por ele deixado?

Atualmente, o bem de família é preservado pelo legislador em todos os seus aspectos, inclusive impede-se que o credor promova a averbação de seu debito junto à matricula do bem imóvel. O que deve ponderar-se é a permissão da anotação da dívida do devedor na matrícula do bem de família, sem cometer nenhuma expropriação, com ressalva as limitações do artigo 1716, do Código Civil. Nesse ínterim, a residência familiar deve ser preservada, contudo é preciso também avaliar que o imóvel tem os seus limites, ou seja, até o falecimento do proprietário do bem, e posteriormente esse deve servir para cumprimento com as obrigações deixadas. Portanto, presume-se ser factível que seja consignado na matrícula do imóvel familiar eventuais dívidas do proprietário do bem de família, assegurando, assim, direitos de terceiros, sem expropriar o bem do devedor, até os limites do artigo 1716, do Código Civil.

A SITUAÇÃO DO HERDEIRO QUE RESIDE NO BEM DE FAMÍLIA DO AUTOR DA HERANÇA DESDE ANTES DA ABERTURA DA SUCESSÃO

O bem de família detém de proteção jurídica e visa por proteger o direito fundamental à moradia, como bem já vimos. Nessa seara, importante destacar que a proteção do imóvel familiar perdurará enquanto viver um dos conjugues ou, na falta destes, até que os filhos completem a maioridade[25]. Após, o bem que anteriormente era de família deve ser disponibilizado para quitar com os débitos deixados pelo de cujos, para que, posteriormente, seja partilhado entre os seus herdeiros. Ademais, uma vez comprovada a impossibilidade de manutenção da residência familiar nas condições em

[25] Art. 1716, CC: a isenção de que trata o artigo antecedente durará enquanto viver um dos cônjuges ou, na falta destes, até que os filhos completem a maioridade. Vide Art. 1715, CC: o bem de família é isento de execução por dívidas posteriores à sua instituição, salvo as que provierem de tributos relativos ao prédio, ou de despesas de condomínio. Ver também: Tepedino (2022, p. 380).

que foi instituído, poderá ser determinada a sua extinção ou autorizada a sub-rogação dos bens que o constituem em outros[26].

É impenhorável o bem de família do devedor que sirva como residência para os seus familiares, ainda que àquele habite em outro imóvel (STJ, AgInt na TutPrv no AREsp 2046365/SP, TERCEIRA TURMA, Rel. Min. Marco Aurélio Bellizze, j., em 15/08/2022, DJe 17/08/2022; STJ, AgInt no REsp 1889399/PE, PRIMEIRA TURMA, Rel. Min. Benedito Gonçalves, j., em 16/05/2022, DJe 19/05/2022; STJ, AgInt no REsp 1801059/SE, SEGUNDA TURMA, Rel. Min. Og Fernandes, j., em 11/06/2019, DJe 18/06/2019; STJ, EREsp 1216187/SC, PRIMEIRA SEÇÃO, Rel. Min. Arnaldo Esteves Lima, j., em 14/05/2014, DJe 30/05/2014; STJ, REsp 1126173/MG, TERCEIRA TURMA, Rel. Min. Ricardo Villas Bôas Cueva, j., em 09/04/2013, DJe 12/04/2013; STJ, REsp 831553/RS, QUARTA TURMA, Rel. Min. Luis Felipe Salomão, j., em 19/05/2011, DJe 26/05/2011.).

Entretanto, o falecimento do devedor não faz cessar automaticamente a impenhorabilidade do imóvel caracterizado como bem de família, pois a proteção legal deve ser estendida em favor da entidade familiar, dentro dos limites do artigo 1716, do Código Civil (STJ, AgInt no REsp 1669123/RS, QUARTA TURMA, Rel. Min. Lázaro Guimarães, j., em 15/03/2018, DJe 03/04/2018; STJ, AgInt no AREsp 1130591/RS, TERCEIRA TURMA, Rel. Min. Marco Aurélio Bellizze, j., em 05/12/2017, DJe 15/12/2017; STJ, REsp 1271277/MG, TERCEIRA TURMA, Rel. Ministro Ricardo Villas Bôas Cueva, j., em 15/03/2016, DJe 28/03/2016; STJ, EDcl no REsp 1822604/SP (decisão monocrática), QUARTA TURMA, Rel. Min. Antonio Carlos Ferreira, j., em 01/09/2020, publicado em 09/09/2020; STJ, REsp 1759991/SC (decisão monocrática), TERCEIRA TURMA, Rel. Min. Moura Ribeiro, j., em 05/09/2019; STJ, AREsp 1199556/PR (decisão monocrática), TERCEIRA TURMA, Rel. Min. Marco Aurélio Bellizze, j., em 12/03/2018, publicado em 27/03/2018).

Dessa maneira, nos casos de herdeiros residentes no imóvel antes da morte do autor da herança e sendo esse o único imóvel passível de moradia da família, deverão os sucessores permanecer na residência até completarem a maioridade, conforme determina o artigo supracitado, mesmo que haja dívida do espólio, fazendo, assim, jus à proteção do bem de família. Em outras palavras, entende-se que a proteção instituída pela

[26] Art. 1719, CC: comprovada a impossibilidade da manutenção do bem de família nas condições em que foi instituído, poderá o juiz, a requerimento dos interessados, extingui-lo ou autorizar a sub-rogação dos bens que o constituem em outros, ouvidos o instituidor e o Ministério Público.

Lei n.º 8.009/1990 impede a penhora de direitos hereditários no rosto do inventario do único bem de família que compõe o acervo sucessório (STJ, REsp 1271277/MG, TERCEIRA TURMA, Rel. Min. Ricardo Villas Bôas Cueva, j., em 15/03/2016, DJe, em 28/03/2016; STJ, AREsp1199556/PR (decisãomonocrática), TERCEIRA TURMA, Rel. Min. Marco Aurélio Bellizze, j., em 12/03/2018, DJe, em 27/03/2018).

Sendo assim, em caso de mais de um imóvel passível de moradia pelos herdeiros do falecido, autor da herança deve o bem que antes pertencia ao de cujos ser utilizado para cessar com os débitos por ele deixados. Assegura-se, portanto, a moradia ao herdeiro do bem de família até cumprimentos do Art. 1716. Após o bem do de cujos passa incialmente a assegurar os débitos do falecidos.

HERDEIRO QUE PASSOU A MORAR NO IMÓVEL APÓS A MORTE DO AUTOR DA HERANÇA

Há também os casos dos herdeiros que antes não faziam uso do bem de família, mas que, após a morte do autor da herança, bem como com a transmissão de seus bens, passam a valer-se da residência. Aqui, faz-se necessário destacar, outra vez mais, o artigo 1716, do Código Civil, que dispõe que a proteção do bem de família perdurará "enquanto viver um dos cônjuges ou conviventes ou, na falta destes, até que os filhos completem a maioridade". Nessa situação, deve valer-se o disposto no artigo supracitado, que entende pela extensão da proteção do bem de família aos conjugues ou, na falta desses, herdeiros menores de 18 anos. Portanto, o mesmo vale para herdeiros que antes do falecimento do proprietário do bem de família já habitavam o imóvel e herdeiros que passaram a habitar o imóvel após a sucessão.

Assim, após a morte do de cujos, sem a existência de conjugues ou herdeiros menores de 18 anos, como já analisamos, deve o bem deixado ser utilizado para quitar com dívidas do autor da herança. Isso pois, mais uma vez, tem-se um caso em que o bem de família perde suas características essenciais, deixando, assim, de cumprir com sua função. Dessa forma, não há o que se falar em utilização do bem por herdeiros maiores de idade que antes não assim habitavam o imóvel.

DIREITO REAL DE HABITAÇÃO DO CÔNJUGE OU DO COMPANHEIRO SUPÉRSTITE

A jurisprudência, em concretização do direito fundamental à moradia, superou a exigência de configuração de entidade familiar para que haja a proteção do bem de família legal (STJ, EREsp 182223/SP, Rel. Min. Sálvio de Figueiredo Teixeira, j., em 06/02/2002, DJe, em 07/04/2003)[27].

Mesmo o proprietário divorciado, separado judicialmente ou solteiro está protegido pela impenhorabilidade, deslocando-se, assim, a proteção do núcleo familiar para a pessoa humana em si mesma considerada. Nessa direção, o Enunciado n.º 364, da Súmula do STJ, estabelece que "o conceito de impenhorabilidade de bem de família abrange também o imóvel pertencente a pessoas solteiras, separadas e viúvas" . Assim, ficam protegidos os conjugues ou conviventes com o bem de família, salvo se não for esse o único bem passível de sua moradia, como no caso de herdeiros menores de idade. Por sua vez, caso haja outra possibilidade de moradia por esses familiares, perde o imóvel as suas características de bem de família e passa a valer como quitação dos débitos deixados pelo de cujos.

[27] "A interpretação teleológica do Art. 1º, da Lei 8.009/90, revela que a norma não se limita ao resguardo da família. Seu escopo definitivo é a proteção de um direito fundamental da pessoa humana: o direito à moradia. Se assim ocorre, não faz sentido proteger quem vive em grupo e abandonar o indivíduo que sofre o mais doloroso dos sentimentos: a solidão. É impenhorável, por efeito do preceito contido no Art. 1º, da Lei 8.009/90, o imóvel em que reside, sozinho, o devedor celibatário"

6

A (IM)PENHORABILIDADE DO BEM DE VALOR SENTIMENTAL DO DEVEDOR

Gabriela Machado Monteiro

INTRODUÇÃO

No âmbito do direito processual, a penhora emerge como um instrumento jurídico de suma importância, desempenhando um papel fundamental na preservação do direito dos credores. Isso porque é através da penhora que o Poder Judiciário autoriza a subordinação dos bens do devedor inadimplente ao fim executório, possibilitando o início do procedimento de expropriação de bens.

Nas palavras de Theodoro Júnior (2021, p. 416), "a penhora visa dar início, ou preparação, à transmissão forçada de bens do devedor, para apurar a quantia necessária ao pagamento do credor. Pressupõe, destarte, a responsabilidade patrimonial e a transmissibilidade dos bens".

Não obstante, o instrumento jurídico da penhora detém raízes profundas dentro do ordenamento jurídico brasileiro e tem sido parte do sistema há séculos, adaptando-se e evoluindo de acordo com as mudanças sociais e econômicas. Seu propósito primordial é assegurar a efetividade das decisões judiciais, evitando enriquecimento ilícito do devedor em detrimento do legítimo credor.

Dentro desse contexto, observa-se crescente discussão nas decisões dos tribunais brasileiros acerca da possibilidade ou impossibilidade da penhora recair sobre o bem de valor sentimental para o devedor, uma vez que o embate entre a necessidade de observância à garantia da efetividade do processo conflita, em muitos casos, com as garantias constitucionais que protegem o devedor, haja vista a importância emocional e afetiva do bem para o indivíduo.

Examinando essa problemática, o presente capítulo busca analisar o instrumento jurídico da penhora, destrinchando sua natureza jurídica e elencando seus princípios norteadores. A partir da compreensão desse instituto, será analisada a possibilidade ou impossibilidade de ocorrência da penhora do bem de valor sentimental do devedor, levando em conta o risco da concessão da proteção a esse bem vir a afetar a efetividade dos processos de execução em curso perante o Poder Judiciário brasileiro, para, por fim, ponderar acerca dos limites impostos pelos princípios constitucionais em processos de execução.

O INSTRUMENTO JURÍDICO DA PENHORA

No âmbito do direito processual, a penhora é um instrumento jurídico de suma importância na preservação do direito dos credores, tendo em vista que é por meio dela que o procedimento de expropriação dos bens do devedor tem início. Por um longo período, os doutrinadores brasileiros debateram acerca da natureza jurídica da penhora. Enquanto uns questionavam se o instrumento seria de caráter executivo, outros indagavam acerca da possibilidade de a penhora adotar uma faceta cautelar ou, até mesmo, híbrida.

Atualmente, embora se reconheça sua dimensão cautelar, uma vez que a penhora assegura direito inequívoco do devedor de receber o valor devido até que o processo de expropriação seja concluído, prevalece o entendimento de que o instrumento possui natureza expropriatória, eis que é através dele que são confiscados os bens do devedor em decorrência do inadimplemento de uma obrigação contraída por meio de um título executivo, seja ele judicial ou extrajudicial.

Dessa forma, de acordo com Liebman (1980, p. 124), o instrumento jurídico da penhora pode ser definido como "o ato pelo qual o órgão judiciário submete a seu poder imediato determinados bens do executado, fixando sobre eles a destinação de servirem à satisfação do direito do exequente".

No entanto, apesar de visar à obtenção do adimplemento por meio da afetação dos bens do obrigado em observância ao princípio da patrimonialidade, nos termos do artigo 789 do Código de Processo Civil, tem-se que indispensável a submissão da penhora ao princípio satisfatividade, que delimita que o patrimônio do devedor somente pode ser atingido até o limite do crédito do credor, a fim de evitar que o processo executório extrapole a sua competência e venha a afrontar à dignidade humana do executado.

Nesse sentido:

> A ideia de que toda execução tem por finalidade apenas a satisfação do direito do credor corresponde à limitação que se impõe à atividade jurisdicional executiva, cuja incidência sobre o patrimônio do devedor há de se fazer, em princípio, parcialmente, não atingindo todos os seus bens, mas apenas a porção indispensável para a realização do direito do credor. Apenas na execução concursal do devedor insolvente é que há uma expropriação universal do patrimônio do devedor. Nas execuções singulares a agressão patrimonial fica restrita à parcela necessária para a satisfação do crédito ajuizado (THEODORO JÚNIOR, 2021, p. 241).

Isto posto, compreende-se que a finalidade da penhora se limita à afetação dos bens do devedor para serem utilizados para adimplir a obrigação contraída, sem, no entanto, afrontar a garantia constitucional da dignidade humana.

SUBMISSÃO DA PENHORA À GARANTIA CONSTITUCIONAL DA DIGNIDADE DA PESSOA HUMANA E AO PRINCÍPIO DA EFETIVIDADE

No estágio atual de consolidação do permissivo constitucional brasileiro, não há como olvidar a força normativa do princípio constitucional da dignidade da pessoa humana. Este, nas palavras de Soares (2009, p. 149), "se afigura como um dos mais importantes pilares do conhecimento jurídico com reflexos diretos no modo de compreender e exercitar o paradigma dos direitos fundamentais dos cidadãos".

No âmbito dos processos executórios, é comum ocorrer situações nas quais o aplicador do direito se vê obrigado a ponderar entre a entrega da tutela jurisdicional pleiteada pelo credor e a proteção à dignidade do devedor. Isso ocorre porque, embora o credor possua direito líquido, certo e exigível concedido por meio de um título executável, este garante a ele o direito de perseguição ao crédito, não sua efetiva obtenção.

O direito de perseguição ao crédito encontra amparo no princípio da efetividade, que garante ao credor o direito de acionar o Poder Judiciário para reivindicar o bem ou direito a qual é titular. Nas palavras de Zavascki (2009, p. 66), o princípio da efetividade pode ser compreendido como:

> [...] o conjunto de direitos e garantias que a Constituição atribuiu ao indivíduo que, impedido de fazer justiça por mão própria, provoca a atividade jurisdicional para vindicar bem da vida de que se considera titular. A este indivíduo devem

> ser, e são, assegurados meios expeditos e, ademais, eficazes, de exame da demanda trazida à apreciação do Estado.

No entanto, em confronto com o princípio da efetividade, o artigo 833 do Código de Processo Civil prevê um rol de bens que são considerados impenhoráveis perante o nosso ordenamento jurídico como uma maneira de oferecer segurança e preservar a dignidade do devedor em face de uma execução, como os salários, o seguro de vida, os vestuários, a pequena propriedade rural entre outros.

De acordo com Theodoro Júnior (2021, p. 416), a impenhorabilidade desses bens se justifica, pois "não pode a execução ser utilizada para causar a extrema ruína, que conduza o devedor e sua família à fome e ao desabrigo, gerando situações aflitivas inconciliáveis com a dignidade da pessoa humana".

Nesses casos, a aplicação do princípio da preservação da dignidade da pessoa humana se sobrepõe ao da efetividade, prevalecendo sobre a tutela jurisdicional postulada pelo credor. Tal fato acaba por atribuir ao detentor do direito um ônus, uma vez que o credor não possui outras opções legais para perseguir o seu crédito, exceto através do Poder Judiciário.

Não obstante, é de se destacar que o fenômeno da impenhorabilidade se encontra previsto, em lei própria, vide Lei nº 8.009/90, que dispõe sobre a impenhorabilidade do bem de família, demonstrando que o legislador brasileiro reconheceu e acolheu a possibilidade de prevalência da dignidade da pessoa humana do executado em face da efetividade da tutela jurisdicional.

No entanto, a legislação também, admitindo que o manto da inalienabilidade não é absoluto, previu algumas hipóteses nas quais é permitida a mitigação do rol dos bens impenhoráveis quando se verifica a necessidade de garantir a utilidade da sentença e ver adimplida a dívida perseguida pelo credor, como nos casos de pensão alimentícia, verbas de natureza alimentar, ou débitos da fazenda nos casos de execução fiscal.

Tal fato se justifica, pois

> [...] o dever imposto ao indivíduo de submeter- se obrigatoriamente à jurisdição estatal não pode representar um castigo. Pelo contrário: deve ter como contrapartida necessária o dever do Estado de garantir a utilidade da sentença, a aptidão dela de garantir, em caso de vitória, a efetiva e prática concretização da tutela (ZAVASCKI, 2009, p. 66).

Assim, surge a dúvida se essa mitigação do rol dos bens impenhoráveis pode vir a ocorrer nos casos em que se verifica a necessidade de proteger o patrimônio do devedor, visando à preservação do seu bem-estar e dignidade, ante a possibilidade de que o ato venha a ferir a dignidade humana, como nos casos que envolvem bens de valor sentimental para o devedor.

A (IM)PENHORABILIDADE DO BEM DE VALOR SENTIMENTAL

Conforme exposto anteriormente, a penhora é o ato judicial utilizado para garantir o adimplemento de uma obrigação pelo devedor. No entanto, a possibilidade de efetuar a penhora pode se transformar em um dilema complexo quando o bem em questão possui valor sentimental para o devedor.

A explicação para tal fato reside no sentimentalismo que pode envolver o bem. Isso porque alguns bens detêm a capacidade de guardar uma relação intrínseca com memórias, afetos e histórias de seus titulares, gerando um laço emocional entre o indivíduo e o bem, o que acaba o diferenciando dos demais.

Com efeito, apesar de a legislação brasileira não estabelecer os critérios para determinar o que caracteriza um bem de valor sentimental, é possível traçar um panorama com base na jurisprudência consolidada no âmbito do Direito Penal, a fim de compreender como ocorre sua adequação perante o sistema normativo brasileiro.

Nos casos que envolvam o furto de bens de valor sentimental, considera-se que o desgaste sofrido pela vítima por ter seu patrimônio subtraído supera o mero aborrecimento cotidiano e caracteriza dano moral indenizável por conta da impossibilidade de haver a reparação pelos danos causados na mesma proporção à vítima, haja vista a infungibilidade do bem em questão.

De acordo com Pereira (2022, p. 363), "as coisas infungíveis, caracterizam-se pelos requisitos próprios, que as individuam como corpo certo, o que impede ao devedor entregar uma por outra em solução do obrigado".

Dessa forma, resta impossibilitada a avaliação da tipicidade da conduta do agente somente baseada no valor econômico do objeto subtraído, eis que o prejuízo suportado pela vítima é superior a qualquer quantia pecuniária, dado o caráter infungível do bem atribuído por conta do laço emocional estabelecido entre o indivíduo e o bem.

A título de exemplo, pode-se imaginar um caso de furto de um carro herdado de um ancestral que acompanhou a família por diversos anos e que guarda diversas memórias, afetos e histórias. Nesse caso, torna-se impossível a reparação em igual proporção, tendo em vista os resquícios próprios e individuais do bem.

Pois bem, por mais que se esteja analisando os liames jurídicos de uma relação diferente da supracitada, é possível tecer a similaridade no fato em que, tanto no caso de furto e da penhora, existe a subtração do bem do patrimônio. Porém, no caso desta, tem-se que a retirada do bem do patrimônio do devedor não pode ser tida como imotivada, tampouco forçosa, eis que o ato jurídico da penhora somente se concretiza após esgotadas todas as tentativas de adimplemento consensual do débito.

Nesse contexto, ergue-se o questionamento acerca da pertinência de estender a proteção especial concedida aos bens de valor sentimental em outras áreas do direito para os processos executórios, considerando a relevância do bem para o devedor, ou se deve prevalecer a entrega da tutela jurisdicional perseguida pelo credor.

Para responder esse questionamento, é preciso considerar a dificuldade de executar um título no Brasil. De acordo com o relatório "Estatísticas do Poder Judiciário", do Conselho Nacional de Justiça (CNJ) de 2023, no âmbito do Tribunal de Justiça do Estado do Paraná, um processo de execução dura, em média, três anos e oito meses para ser encerrado.

A morosidade desse processo decorre, em parte, da notória sobrecarga do Poder Judiciário. Contudo, na prática, verifica-se que corriqueiramente o devedor demonstra resistência à execução, seja através de manobras judiciais ou dificultando a localização de seus bens passíveis de penhora.

Com isso, por conta da resistência do devedor, o Poder Judiciário, ponderando entre os princípios da menor onerosidade para o devedor e da efetividade para o credor, passou a tratar a impenhorabilidade como instituto relativo, permitindo que, em determinadas situações, a tutela jurisdicional seja concedida ao devedor mesmo diante do instituto da impenhorabilidade.

Inclusive, em fevereiro de 2023, o Supremo Tribunal de Federal (STF), através do julgamento da Ação Direta de Inconstitucionalidade (ADI) 5941, considerou constitucional a aplicação de medidas atípicas, como a apreensão de passaportes e da Carteira Nacional de Habilitação (CNH), nos casos em que se verifica que o devedor está ocultando o seu patrimônio ou postergando o pagamento da obrigação, depois de esgotados os meios coercitivos típicos previstos no artigo 139, IV, do Código de Processo Civil.

Nesse julgamento, foi considerada legítima a restrição do direito fundamental de ir e vir do cidadão, previsto no artigo 5º, XV, da Constituição Federal, nos casos em que se confirma a necessidade de adimplemento da obrigação pelo devedor, prevalecendo o princípio da efetividade do processo ante a necessidade de preservar a dignidade do devedor através do cumprimento da decisão judicial.

Ademais, o Superior Tribunal de Justiça (STJ), através do julgamento do EREsp 1.874.222, de relatoria do Ministro João Otávio de Noronha, estabeleceu, em maio de 2023, que é possível a relativização da regra da impenhorabilidade das verbas salariais para pagamento de dívida não alimentar, independentemente do valor percebido pelo devedor, desde que a medida não ameace a subsistência digna de sua entidade familiar.

Nesse sentido, Theodoro Júnior (2021, p. 416) dispõe que:

> [...] deve o juiz da execução impedir atos executivos ruinosos, dos quais nenhum benefício se extraia para o credor, e para o devedor só possam advir ruína e prejuízos injustificáveis, tal como ocorre com a penhora de bens que mal sejam suficientes para as despesas do processo, e com a arrematação de bens a preço vil.

Diante desse cenário, tem-se que a jurisprudência vem permitindo a mitigação do rol dos bens impenhoráveis nos casos em que prevalece a necessidade de garantir a utilidade da sentença e ver adimplida a dívida perseguida pelo credor em prol do princípio da efetividade nos processos executórios, garantindo a entrega da tutela jurisdicional ao credor.

No entanto, tratando-se da possibilidade de tornar um bem de valor sentimental impenhorável, tem-se que a mitigação da norma não se sustenta. Isso porque, em regra, a impenhorabilidade decorre, estritamente, da lei, sendo inviável a atribuição de proteção especial por conta do risco de sua concessão interferir na previsibilidade e coerência da aplicação das leis, afetando a segurança jurídica do ordenamento.

No mais, o bem de valor sentimental não detém importância jurídica para obter a proteção da impenhorabilidade, eis que, quando comparado aos demais bens considerados inalienáveis pelo ordenamento jurídico brasileiro, tem-se que o bem de valor sentimental não detém uma relação intrínseca com a preservação da dignidade de um indivíduo como os demais.

O conceito de dignidade da pessoa humana representa a ideia de proteção aos bens que são essenciais à vida e à manutenção do bem-estar do indivíduo. Como exemplo, os salários percebidos pelo devedor tornam-se impenhoráveis por conta do risco de que, se retirados de seu patrimônio, a qualidade de vida do devedor venha a ser afetada, causando um prejuízo injustificável.

No caso da penhora do bem de valor sentimental, em regra, não se verifica qualquer risco de impacto na qualidade de vida, tampouco no bem--estar do devedor. Ainda, soma-se o fato de que a eventual expropriação somente ocorrerá nas execuções nas quais forem esgotadas todas as tentativas de resolução consensual do conflito, bem como findados os meios habituais de expropriação.

Dessa forma, não há qualquer impedimento para que o devedor, diante do risco de penhora de um bem de especial importância, indique outros bens passíveis de penhora a fim que seja adimplida a dívida contraída; fato que representa que o devedor não se encontra em uma posição de vulnerabilidade, afastando qualquer alegação de afronta à sua dignidade humana.

CONCLUSÃO

Em resumo, a penhora do bem de valor sentimental do devedor, apesar de ser um assunto complexo que requer uma análise cuidadosa e sensível por parte do sistema judiciário, não representa uma afronta ao princípio de preservação da dignidade humana. Isso porque, se levado em conta a escolha do legislador em estabelecer um rol taxativo de bens a serem considerados impenhoráveis, e, ainda, o fator que somente em hipóteses específicas são permitidas a mitigação da norma, compreender-se-á que, em regra, deve prevalecer o princípio da efetividade nos processos executórios, garantindo a entrega da tutela jurisdicional ao credor.

Ademais, leva-se em conta também que o bem de valor sentimental não detém em si, por conta de seus fatores subjetivos e imprecisos, a capacidade de abarcar proteção legislativa especial por conta do risco de impactar a segurança jurídica do ordenamento jurídico.

Dessa forma, nos casos em que envolvam a penhora de um bem de valor sentimental para o devedor, o indicado é que as partes busquem soluções alternativas e equitativas que contribuam para preservar o valor sentimental do bem, sem comprometer a efetividade do sistema de justiça.

7

(IM)PENHORABILIDADE DO ANIMAL DOMÉSTICO DE PROPRIEDADE DO EXECUTADO

Laís Gimenez Reis

INTRODUÇÃO

É característica dos países de Estado Democrático de Direito, como o Brasil, aderirem ao princípio da responsabilidade patrimonial. No Brasil, tal princípio está insculpido no artigo 391 do Código Civil, que determina "pelo inadimplemento das obrigações respondem todos os bens do devedor".

O processo de execução é meio persecutório da satisfação das dívidas do credor. É quando através de obrigação contraída pelo devedor, ou seja, a partir do inadimplemento de uma quantia certa, líquida e exigível, que constitui um título executivo que pode ser tanto judicial, quanto extrajudicial, o devedor está à mercê de atos expropriatórios até que salde o valor exequendo.

Ocorre que, o Brasil privilegia princípios e direitos de personalidade, que em que pese a dívida existente, não podem deixar de serem observados. Tanto é verdade, que como exemplo de proteção mínima estabelecido pelo Estado para flexibilizar o impacto da responsabilidade material e resguardar a dignidade humana do indivíduo, apesar de devedor, também sujeito de direito, é a Lei 8.009/90, que traz o conceito de bem de família, imóvel que não poderá responder pelas dívidas do executado, bem como as impenhorabilidades previstas no artigo 833, do Código de Processo Civil.

Conquanto, até mesmo acerca das possibilidades de penhora autorizadas pela legislação, com ênfase na ordem de preferência estancada pelo artigo 835, do Código de Processo Civil, estão algumas que geram muita controvérsia no âmbito jurídico, e, necessitam ser discutidas com maior rigor. É o caso do inciso VII, do artigo supracitado, que autoriza a penhora de semoventes, sem esclarecer, se apenas de animais silvestres, domésticos, ou toda espécime de seres vivos não humanos.

Com a lacuna da legislação, cabe aos operadores de Direito repensarem a forma e as consequências que podem advir da penhora, por exemplo, de animais domésticos.

Muito se tem discutido nessa seara. Constituiria o afeto, liame que impossibilitaria a penhora desses animais? Ou a autorização da penhora de qualquer animal se daria sem qualquer limitação?

É esse o núcleo de debate que será tratado a seguir.

ANIMAIS: SERES OU COISAS? SUJEITOS OU OBJETOS DE DIREITO?

A priori, antes de adentrar no processo executivo em si, é preciso compreender a premissa básica que sustenta a divergência em torno da questão: a natureza dos animais e como são classificados perante o ordenamento jurídico pátrio.

O cerne cinge-se à classificação do artigo 82, do Código Civil, que define como bens móveis: "os bens suscetíveis de movimento próprio, ou de remoção por força alheia, sem alteração da substância ou da destinação econômico-social".

Consubstanciado nesse artigo, resta claro que os animais, ditos semoventes, estão classificados nessa categoria. Desse modo, na condição de bens, podem ser penhorados, visto que o artigo 789, do CPC, estipula que: "o devedor responde com todos os seus bens presentes e futuros para o cumprimento de suas obrigações, salvo as restrições estabelecidas em lei".

Infere-se, portanto, que na condição de bens móveis, os animais estão sujeitos à penhora, inclusive em consonância com esse entendimento fora prevista sua penhora no artigo 835, inciso VII, do CPC.

Entretanto, com a evolução da ciência e da própria sociedade, há relevante embate doutrinário que apresenta resistência em considerar os animais como bens, conforme rege a legislação, pois, incabível sua percepção como coisas, invés de seres vivos, dotados de senciência.

De acordo com a melhor doutrina, senciência consiste: na capacidade de ter experiências, que podem ser positivas, mas também, acima de tudo, podem ser negativas (SILVA, 2020, p. 26).

A concepção de senciência é o principal sustentáculo para superação da coisificação animal, ao superar a crença de que animais são indiferentes com o ambiente e sensações experimentadas. Tal tema já foi objeto de estudo, em que diversos profissionais como: neurocientistas, neurofarmacologistas, neurofisiologistas, neuroanatomistas e neurocientistas computacionais cognitivos, compilaram o resultado de seus estudos desenvolvidos na Universidade de Cambridge, no Reino Unido, na Declaração de Cambridge sobre a Consciência Animal, que explica:

> A ausência de um neocórtex não parece impedir que um organismo experimente estados afetivos. Evidências convergentes indicam que os animais não-humanos têm os substratos neuroanatômicos, neuroquímicos e neurofisiológicos de estados de consciência juntamente com a capacidade de exibir comportamentos intencionais. Consequentemente, o peso das evidências indica que os humanos não são os únicos a possuir os substratos neurológicos que geram a consciência. Animais não-humanos, incluindo todos os mamíferos e as aves, e muitas outras criaturas, incluindo polvos, também possuem esses substratos neurológicos (DECLARAÇÃO DE CAMBRIDGE, 2012, s/p).

Historicamente, existem nomes que contribuíram para evolução acerca do tema, dentre eles, destaca-se Singer, filósofo e professor australiano, nascido em 1946, que defende assiduamente a igualdade para os animais, tendo como destaque principal sua obra: Libertação animal, publicada originalmente no ano de 1975.

De acordo com Singer, o princípio da igual consideração de interesses, é a base moral para repensar a forma como os animais são tratados pelos seres humanos, sendo um princípio ético capaz de definir quais diretrizes práticas devem os seres humanos primarem em respeito às demais espécies.

Singer conceitua o especismo como: "preconceito ou a atitude tendenciosa de alguém a favor dos interesses dos membros da própria espécie, contra os de outras" (SINGER, 2010, p. 11).

Sendo assim, a subjugação dos animais como "coisas" dependentes da vontade humana, sujeitos, ao sofrimento e tratamento degradante pela simples "inferiorização" de sua espécie, revela noções calcadas no especismo e antropocentrismo, que devem ser superadas. Enquanto o especismo atua na discriminação de outra espécie, como no caso, a ideia da espécie humana de que possui domínio para explorar e até matar animais, por serem considerados espécie inferior, o antropocentrismo, reforça a noção de que o homem é o centro e a ele cabe as decisões concernentes à fauna e à flora.

Acerca do especismo, insta salientar as considerações de Alonso e Cardin:

> É em razão do especismo que o ser humano tem por tendência se considerar superior às demais espécies vivas, fato que, obviamente, reflete na produção do direito positivo, que privilegia os interesses humanos aos dos demais animais não humanos. Nesse contexto, basta mencionar o viés patrimonialista da legislação civilista de muitos países, a exemplo do Código Civil brasileiro (ALONSO; CARDIN, 2020, p. 138).

De forma perspicaz, Singer ultrapassa o limbo de controvérsias filosóficas sobre a natureza última dos direitos, argumentando em favor da igualdade para os animais, independentemente da terminologia:

> Alguns filósofos se deram o trabalho de desenvolver argumentos para mostrar que os animais não têm direitos. Eles alegam que, para ter direitos, é preciso que um ser seja autônomo, membro de uma comunidade, que tenha a capacidade de respeitar os direitos dos outros ou possua senso de justiça. Essas alegações são irrelevantes para o argumento a favor da libertação animal. [...] Se um ser sofre, não pode haver justificativa moral para deixar de levar em conta esse sofrimento. Não importa a natureza do ser; o princípio da igualdade requer que seu sofrimento seja considerado da mesma maneira como o são os sofrimentos semelhantes (SINGER, 2010, p. 14).

Porquanto, gradativamente se percebe uma evolução na tutela de direitos aos animais, em destaque alguns importantes diplomas legais, que contribuem para compreensão do tema, tais como o artigo 225, §1º, inciso VII, da Constituição da República Federativa do Brasil, que prevê a proteção da fauna e flora, "esta norma constitucional está reconhecendo implicitamente que animais são sencientes [...] que tem sentimento, afeto, que sofrem física e psicologicamente, que tem memória, que não são irracionais" (OLIVEIRA, 2015, p. 169).

Bem como o artigo 32, da Lei 9.605/98 (Lei de Crimes Ambientais), que objetiva garantir a integridade dos animais silvestres, domésticos ou domesticados, nativos ou exóticos. Assim como decisões que privilegiam os interesses dos animais, como a ADI 4.983, que estabeleceu que a prática desportiva da vaquejada não deve prevalecer sob proteção ao meio ambiente.

Há estados que preveem legislações para os animais, como: Código de Defesa e Bem-Estar Animal do Estado da Paraíba (Lei Estadual nº 11.140/18), Lei nº 17.485/18, do Estado de Santa Catarina, que alterou a Lei nº 12.854/03, que institui Código Estadual de Proteção aos Animais, e reconhece-os como seres sencientes.

Nesse ínterim, o Direito Animal representa instrumento importante de proteção e interferência na superação da coisificação animal.

De acordo com o artigo 1º do Código Civil, é o ser humano sujeito de deveres e direitos na ordem civil. Apesar de o artigo trazer a definição de pessoa, impende salientar que os sujeitos de direito possuem interpretação mais ampla, como expresso no próprio artigo 75, do CPC, contendo sujeitos de direito que podem ser representados em Juízo, mesmo que inanimados, como o condomínio, massa falida e espólio.

Ser sujeito de direito significa poder ser representado em Juízo, figurar como parte processual. Por uma interpretação estritamente legal, não seria possível a partir do Código Civil classificar os animais como sujeitos de direito. No entanto, pela interpretação dinâmica, há brecha e crescente filiação dos civilistas a correntes que considerem o animal como sujeito de direito, ou ao menos como um terceiro gênero, entre pessoas e coisas.

Tal interpretação, que anteriormente não parecia sequer possível, hoje é inclusive permitida em diversos casos, especialmente de maus tratos e em casos de guarda envolvendo os animais, em que por vezes invés de extinguirem o processo sem resolução de mérito pela ilegitimidade ativa dos animais, os magistrados têm possibilitado que figurem como parte, desde que representados em Juízo por responsáveis legais, "eis que começa a haver o pensamento de que os animais seriam sujeitos de direitos próprios, não mais advindos de uma necessidade de sustentabilidade do homem" (CAMPELLO; BARROS, 2018, p. 102).

Imperioso destacar a influência do Direito Civil alemão que estipula no artigo 90-a, BGB, que animais não são coisas.

> Quanto aos animais, são enquadrados atualmente como coisas dentro do Direito Privado Brasileiro. Todavia, há uma tendência em se sustentar que seriam sujeitos de direito, tratados não como coisas, mas até como um terceiro gênero. Vale lembrar que o tratamento como terceiro gênero consta do BGB Alemão, estabelecendo o seu art. 90-A que os animais não são coisas ("Tiere sind keine Sachen"). O mesmo comando estabelece, em continuidade, que os animais são protegidos

> por estatutos especiais. Todavia, na falta dessas normas, são regulados pelas regras aplicáveis às coisas, com as necessárias modificações (TARTUCE, 2022, p. 312).

Dessa forma, com influência dos Códigos Civis suíço, francês, alemão, austríaco e português, Costa e Ferreira (2018, p. 24) defendem que a partir do mesmo ideal desses outros códices que enxergam os animais como seres sencientes, não como mero "objeto" de posse ou propriedade, reconhecendo o seu valor intrínseco, o Código Civil Brasileiro deveria aderir, aplicando regime diverso das coisas e determinando que os animais criados na esfera doméstica não podem ser penhorados.

Por todo e exposto, possível concluir que aos animais deve ser aplicado ao menos um regime jurídico diverso das coisas, bem como, que a ausência de neocórtex não impede que um organismo experimente estados afetivos e que, diante disso, "o Direito Processual Civil parece ser o campo jurídico mais atrasado no reconhecimento dos animais como sujeitos de direitos, mas, vagarosamente, começa a acordar para a capacidade processual dos animais" (ATAIDE JÚNIOR, 2018, p. 60).

Tal despertar e olhar para os animais por um viés atento às transformações sociais e o reconhecimento científico de sua senciência, impactam nos processos de execução e tomadas de decisões judiciais envolvendo, principalmente, os animais domésticos.

PROCESSO DE EXECUÇÃO: POSSÍVEL PENHORAR ANIMAIS DOMÉSTICOS? O DILEMA DOS SEMOVENTES

A tutela executiva é o meio pelo qual através da tutela jurisdicional, o credor (exequente) exige do devedor o adimplemento forçado do pactuado anteriormente, seja pagar quantia, entregar coisa, fazer ou não fazer. Como explana Fux, o processo de execução:

> Caracteriza-se precipuamente pela prática de atos que visem a satisfazer e realizar no mundo prático o direito do sujeito ativo da relação processual executiva, qual é o exequente. Os atos jurisdicionais que se pleiteiam não o são de definição de direitos, como ocorre na cognição, mas antes, de realização, em face da demonstração prima facie do bom direito do exequente pela exibição inicial e obrigatória do título executivo (FUX, 2022, p. 128).

Para o processo de execução, é imprescindível que o credor contenha título executivo de obrigação certa, líquida e exigível. Esses atributos do título, precisam ser preenchidos concomitantemente para que o credor exija em Juízo o cumprimento da obrigação. A certeza diz respeito à própria existência da obrigação, não deve pairar dúvidas, o que está intimamente ligada à própria existência do título, enquanto a exigibilidade se refere ao dever de a obrigação estar vencida, pois somente assim será quesível. Já a liquidez está relacionada à individualização da obrigação, deve conter qual objeto o título se refere.

Os títulos executivos consistem tanto em títulos executivos judiciais, quanto extrajudiciais. Os judiciais, previstos pelo artigo 515, do CPC, são originados a partir de sentença judicial, com exceção do inciso VII, que prevê que as sentenças arbitrais também são consideradas títulos executivos judiciais, em que, uma vez ultrapassado o processo de conhecimento e munido de decisão, que mesmo assim o devedor nega-se a cumprir, pode o credor dar início ao cumprimento de sentença.

Ainda, o processo de execução pode ser iniciado a partir de títulos executivos extrajudiciais, elencados no artigo 784, do CPC, que embora não surjam a partir de sentença, devido à lei conferir força executiva, podem sim, serem diretamente exigidos em Juízo, através do processo de execução, tais como, a letra de câmbio, a nota promissória, a duplicata, a debênture e o cheque.

Nesse contexto, o processo de execução se realiza por meio de atos expropriatórios para cumprimento da obrigação estancada no título executivo. Ato expropriatório é gênero, concretizado a partir de algumas das espécies, que são caminhos previstos em lei a serem seguidos. Esses caminhos estão definidos pelo artigo 825, do CPC, quais sejam: adjudicação, alienação e apropriação de frutos e rendimentos de empresa ou de estabelecimento e de outros bens, também chamada de penhora.

Em obra específica sobre execução, Didier Júnior conceitua penhora como:

> Ato de apreensão e depósito de bens para empregá-los, direta ou indiretamente, na satisfação do crédito executado. É ato típico da execução por quantia certa. [...] Enquanto a responsabilidade é sujeição potencial e genérica do patrimônio do devedor (ou terceiros responsáveis), a penhora é sujeição efetiva e específica e um bem à execução (DIDIER JÚNIOR et al., 2023, p. 821).

Existem outros meios expropriatórios como a adjudicação, que significa a transferência do bem do devedor, diretamente ao credor. Por sua vez, a alienação é a transferência do bem penhorado a terceiro, para satisfazer o crédito exequendo, mediante leilão por iniciativa particular (promovido pelo próprio exequente) ou leilão judicial em hasta pública. Na modalidade em hasta pública, através de leiloeiro nomeado pelo Juízo, o bem será vendido e o valor arrecadado depositado em conta judicial para posteriormente ser transferido ao exequente para quitação ou abatimento do valor devido.

Em síntese, o processo de execução é composto pela citação do executado, oportunizando o pagamento voluntário e apresentação de defesa, e caso quedar-se inerte, o sucedâneo de diversos atos expropriatórios visando ao cumprimento forçado.

Tem foco especial os atos de penhora, em que o CPC define no artigo 835, ordem de preferência a ser seguida, como ativos financeiros (dinheiro), veículos automotores, bens imóveis, bens móveis, os semoventes, dentre outros. Notório que o inciso VII, do referido artigo, autoriza expressamente a penhora de semoventes, sem qualquer ressalva, deixando ampla a aplicação da norma.

Logo, em uma visão objetiva, é plenamente possível a penhora de animais, inclusive domésticos para garantir a efetividade da execução, pois se constitui bem do executado, pode muito bem ser penhorado.

Todavia, a aplicação sem qualquer exceção está em "dissonância com a evolução do pensamento jurídico atual, fundado em bases éticas e de consciência ambiental. O Direito não é, nunca foi, e nunca poderá ser estanque; antes de mais nada, acompanha as mudanças sociais" (COSTA; FERREIRA, 2018, p. 29).

Tratando de mudanças sociais, importa destacar Projeto de Lei nº 53/2019, do Deputado Fred Costa, com fito de excluir animais domésticos semoventes do rol de penhora. Na proposta, o autor argumenta:

> Se uma geladeira, um televisor, uma mesa, enfim, objetos domésticos inanimados, são protegidos pela impenhorabilidade", não há razão para, da mesma forma, não considerar impenhorável "um ser vivo, com capacidade de expressar afeto e conviver, na maioria das vezes, como integrante do núcleo familiar.

Embora em tramitação, não há notícia de que será de fato implementado. O projeto discorre sobre a pretensão de modificar o artigo 835, inciso VII, do CPC, para que passe a constar: "VII - semoventes, exceto os animais domésticos de estimação e companhia" e incluir no rol de impenhorabilidades, no artigo 833, do CPC, o inciso "XIII - os animais domésticos de estimação e companhia".

As impenhorabilidades são decorrentes dos princípios que convergem com o processo de execução, como o princípio da menor onerosidade ao devedor, consagrado no artigo 805, do CPC, que objetiva proteger o executado de eventuais atos abusivos, sendo que podem ser realizados os menos gravosos. Ainda, o princípio do contraditório, da patrimonialidade, da nulla executio sine título (sem título, sem execução), além da proporcionalidade e razoabilidade.

Parece razoável que se até os bens móveis, pertences e utilidades domésticas que garantem a dignidade do executado, como geladeira, televisão, dentre outros, via de regra, são impenhoráveis, o animal doméstico, que embora seja classificado como bem pelo Código Civil, por se tratar de ser senciente também deveria ser protegido, pois não está apenas para utilidade do executado, devido à afetividade envolvida, pode afetar até mesmo sentimentos e direitos personalíssimos do executado, que transcendem a esfera patrimonial e física.

Além, claro, de poder afetar não só a dignidade do executado, mas principalmente do animal doméstico, desde que comprovado que a penhora prejudicaria o bem-estar do animal e lhe retiraria do convívio familiar que está habituado.

Relacionada à impenhorabilidade, esta pode ser absoluta ou relativa. Absoluta, se opera quando completamente proibida sua penhora, como é o caso do seguro de vida (artigo 833, IV, do CPC), já a relativa, é passível de discussão e pode ser relativizada a depender do caso concreto. Parece prudente defender que a impenhorabilidade dos animais domésticos, deva se concretizar ao menos no plano da impenhorabilidade relativa, caso seja comprovado que: a) a penhora trará malefícios ao animal; b) prejuízo a sua dignidade e a do executado; e c) o liame afetivo existente entre eles. Ressalta-se que o ônus da prova, nos termos do artigo 373, do CPC, seria do executado/devedor, até porque teria maiores condições de comprovar prejuízos ao animal doméstico.

Como não há vedação expressa à penhora, atualmente resta ao executado a produção dessas provas e apresentação em sede de defesa pelos meios cabíveis, seja através de embargos à execução ou impugnação ao cumprimento de sentença.

A impenhorabilidade, por sua natureza de matéria de ordem pública, pode ser tratada também em exceção de pré-executividade, nesse caso não seria admitida a dilação probatória, tendo em vista que esse instrumento não permite.

Visualizar o animal doméstico apenas como bem de valoração econômica, não parece condizer com a ordem jurídica e princípios abrangidos, cabendo ao magistrado diante de casos concretos sopesar a relativização, e diante das circunstâncias afastar a penhora fundamentadamente.

De acordo com Froehlich, a impenhorabilidade dos animais domésticos é medida que se impõe:

> A premissa de que os animais de estimação são titulares de direitos, agregada à atual composição familiar em que se vive, com cunho plural e eudaimonista, são requisitos suficientes para a alegação da impenhorabilidade destes animais, haja vista que a sua retirada forçada do lar em que reside resultará em danos. [...] Partindo-se do pressuposto que se os animais não humanos são seres de direitos, que convivem no círculo familiar fazendo parte da família, então percebe-se que estes não devem ser considerados e tratados enquanto bens. Os animais de estimação diferenciam-se de outros semoventes como o gado, por exemplo, porque estes são de utilidade puramente econômica, enquanto os pets que vivem nas residências com as famílias não o são (FROEHLICH, 2020, p. 11).

Nessa esteira, também merece destaque que quando se tratar de semoventes envolvidos na atividade profissional do executado, e essa for sua única fonte de renda, os semoventes não poderão ser penhorados, em observância ao artigo 833, inciso V, do CPC, que determina a impenhorabilidade de "bens móveis necessários ou úteis ao exercício da profissão do executado".

Levando sempre em conta a peculiaridade de cada caso, pois pode ocorrer por exemplo, de determinado executado possuir quantidade de gado, em que penhora parcial não lhe retiraria as condições básicas de subsistência e sustento.

Por todas as razões expostas, é passível de discussão a penhora dos semoventes, especialmente dos animais domésticos, pois:

> É irrefutável a tese de que, até o presente momento, a penhora é instrumento efetivo na garantia de proteção do direito do exequente. O credor, como já se disse, possui pleno direito de receber seu crédito. Entretanto, quanto à penhora de semoventes, pode ser discutida a relativização, se não a abolição, do tratamento conferido aos animais não humanos enquanto coisa pela legislação brasileira, a partir da legislação já existente, da jurisprudência pátria e dos costumes existentes (FROEHLICH, 2020, p. 54-55).

Assim, é árdua a tarefa do julgador ao lidar com casos semelhantes, em que deve ponderar o direito do exequente versus direito do executado. Ao tratar da impenhorabilidade do animal doméstico, não se está defendendo a inadimplência, ou negando o direito do exequente no recebimento do seu crédito, muito pelo contrário, todas as vias legais devem ser seguidas, pois a persecução do adimplemento é o cerne do processo de execução, porém esse não deve ser perpetrado sem quaisquer limitações ou estudo de caso, mas deve se ater também à dignidade do executado e do próprio animal doméstico envolvido, que por todo aparato exposto não pode ser tratado como mera propriedade e visto apenas pela ótica monetária.

Como se verá na sequência, o Direito de Família tem trazido conceitos aplicáveis a casos envolvendo animais domésticos, como o critério do "melhor interesse do animal", em que o julgador analisa o caso sob o filtro do bem-estar do animal. Em termos práticos, sua análise se pauta em critérios como: "condições de vida; frequência que a pessoa irá interagir com o animal, presença de outros animais ou crianças no lar, e a afeição dirigida ao animal" (CHAVES, 2015, p. 21).

Urge esse zelo com os animais domésticos, pois os "animais possuem um valor subjetivo único que os diferencia de outros tipos de propriedade privada" (CHAVES, 2015, p. 22).

Mesmo que os animais ainda sejam considerados propriedades, o que em primeiro momento denota incompatibilidade com direitos básicos, como integridade física, tal status parece configurar até mesmo uma antinomia com legislações esparsas, como a lei de crimes ambientais, que no artigo 32 coíbe abuso e maus-tratos, demonstrando que os animais são seres vivos, ou seja, possuem vida e devem ter tratamento distinto das coisas móveis inanimadas.

Do contrário, afirmar que os animais domésticos devem ser tratados apenas como propriedade, "significa que eles são somente meios para fins e que seus interesses são protegidos somente na medida em que a defesa é consistente com as normas da propriedade e uso eficiente da propriedade" (FRANCIONE, 2019, p. 127).

O caminho da penhora e expropriação do bem "não traz nenhum questionamento de ordem ética se o bem penhorado for realmente um bem, e não uma vida" (NOGUEIRA, G.; NOGUEIRA, S., 2018, p. 107). Outrossim, como se trata de animal doméstico que não só possui vida, mas desenvolve liame afetivo com a família na qual está inserido, o direito da propriedade e o instituto da posse não parece ser o mais adequado para reger essas relações envolvendo penhora dos semoventes domésticos, popularmente denominados de "pets".

DA CONCRETIZAÇÃO DA FAMILÍA MULTIESPÉCIE E POSSIBILIDADE DE APLICAÇÃO DE NORMAS ORIUNDAS DO DIREITO DE FAMÍLIA

Inegável que a concepção de família sofreu uma alteração ao decorrer dos anos. Como preconiza o artigo 226, da Constituição da República Federativa do Brasil: "a família, base da sociedade, tem especial proteção do Estado". A ideia de família com o decorrer dos anos sofreu alterações significativas, como o §3º, do artigo mencionado, em que o Estado estende a proteção à união estável e a considera como entidade familiar, o que há décadas, pelos costumes e tradição da sociedade, parecia algo insustentável.

Conforme a ilustre jurista Maria Berenice Dias, é incontroverso que as formas de se relacionar contemporâneas não se atêm somente à família tradicional, composta por laços sanguíneos, o conceito de família se pluralizou, surgindo novos modelos e denominações (DIAS, 2021, p. 439).

Como leciona a especialista citada anteriormente: "o pluralismo das relações familiares provocou mudanças na própria estrutura da sociedade [...] o elemento distintivo da família que a coloca sob o manto da juridicidade, é a presença de um vínculo afetivo" (DIAS, 2021, p. 441).

Dentre as modalidades de família hoje existentes, as mais recorrentes são: família monoparental (formada por um dos pais e seus descendentes), anaparental (entre parentes mas sem a presença de pais), família composta ou mosaico (em que há existência de filhos prévios ao atual casamento ou união estável, oriundos de vínculo afetivo anterior), multiparental (presença de dois pais/mães registrais), substituta (originada na adoção), eudemonista (em que indivíduos ligados por afeto, amor, solidariedade mútua decidem vincular-se em busca da felicidade e realização pessoal), além da família multiespécie.

O enfoque aqui dado, é atinente à família multiespécie. Tanto doutrina quanto jurisprudência já reconhecem a possibilidade da entidade familiar "constituída pelos donos e seus animais de estimação, como membros não humanos. A tendência é chamá-los de seres sencientes – seres sensíveis – por possuírem aptidão emocional e capacidade cognitiva" (DIAS, 2021, p. 460).

Tamanha importância dos animais de estimação no núcleo familiar, que são considerados como próprios "membros da família". Inclusive, já é realidade até mesmo a escolha entre casais da adoção de pets ao invés da opção de terem filhos. Diante de tal cenário, é inconcebível que sejam simplesmente penhorados sem qualquer objeção por serem considerados "mera propriedade", haja vista a posição que ocupam, de convivência íntima, afeto partilhado e participação nas tradições familiares.

Frente a isso, o "reconhecimento dessa modalidade de família é irrefutável, e não se pode mais afirmar que os animais são coisas, atribuindo-lhes, por consequência, a condição de bens" (ALONSO; CARDIN, 2020, p. 145). Tanto é verdade, que os casos de dissolução conjugal e litígios envolvendo a guarda dos animais de companhia, são processados na Vara de Família e não na Cível, como se fossem "coisas".

Em que pese os Tribunais ainda mantenham a classificação dos semoventes como bens móveis, e ainda não tenham os reconhecido como sujeitos de direitos, existem precedentes pela compreensão de tratamento em condições de "terceiro gênero", com tratamento distinto em razão dos vínculos afetivos.

No caminho evolutivo pela consideração dos semoventes para além de "bens móveis", fora aprovado pelo IBDFAM (Instituto Brasileiro de Direito de Família), o Enunciado nº 11, que dispõe: "na ação destinada a dissolver o casamento ou a união estável, pode o juiz disciplinar a custódia compartilhada do animal de estimação do casal". O Direito de Família tem sido utilizado como parâmetro, com a aplicação de seus princípios por analogia às famílias multiespécies.

Para evidenciar tal evolução e reconhecimento da família multiespécie, cita-se julgado de extrema relevância envolvendo o tema, o Recurso Especial nº 1.713.167- SP (2017/0239804-9), julgado pela Quarta Turma do Superior Tribunal de Justiça (STJ):

EMENTA: RECURSO ESPECIAL. DIREITO CIVIL. DISSOLUÇÃO DE UNIÃO ESTÁVEL. ANIMAL DE ESTIMAÇÃO. AQUISIÇÃO NA CONSTÂNCIA DO RELACIONAMENTO. INTENSO AFETO DOS COMPANHEIROS PELO ANIMAL. DIREITO DE VISITAS. POSSIBILIDADE, A DEPENDER DO CASO CONCRETO. 1. INICIALMENTE, DEVE SER AFASTADA QUALQUER ALEGAÇÃO DE QUE A DISCUSSÃO ENVOLVENDO A ENTIDADE FAMILIAR E O SEU ANIMAL DE ESTIMAÇÃO É MENOR, OU SE TRATA DE MERA FUTILIDADE A OCUPAR O TEMPO DESTA CORTE. AO CONTRÁRIO, É CADA VEZ MAIS RECORRENTE NO MUNDO DA PÓS-MODERNIDADE E ENVOLVE QUESTÃO BASTANTE DELICADA, EXAMINADA TANTO PELO ÂNGULO DA AFETIVIDADE EM RELAÇÃO AO ANIMAL, COMO TAMBÉM PELA NECESSIDADE DE SUA PRESERVAÇÃO COMO MANDAMENTO CONSTITUCIONAL (ART. 225, §1, INCISO VII, CF). 2. O CÓDIGO CIVIL, AO DEFINIR A NATUREZA JURÍDICA DOS ANIMAIS, TIPIFICOU-OS COMO COISAS E, POR CONSEGUINTE, OBJETOS DE PROPRIEDADE, NÃO LHES ATRIBUINDO A QUALIDADE DE PESSOAS, NÃO SENDO DOTADOS DE PERSONALIDADE JURÍDICA NEM PODENDO SER CONSIDERADOS SUJEITOS DE DIREITOS. NA FORMA DA LEI CIVIL, O SÓ FATO DE O ANIMAL SER TIDO COMO DE ESTIMAÇÃO, RECEBENDO O AFETO DA ENTIDADE FAMILIAR, NÃO PODE VIR A ALTERAR SUA SUBSTÂNCIA, A PONTO DE CONVERTER A SUA NATUREZA JURÍDICA. 3. NO ENTANTO, OS ANIMAIS DE COMPANHIA POSSUEM VALOR SUBJETIVO ÚNICO E PECULIAR, AFLORANDO SENTIMENTOS BASTANTE ÍNTIMOS EM SEUS DONOS, TOTALMENTE DIVERSOS DE QUALQUER OUTRO TIPO DE PROPRIEDADE PRIVADA. DESSARTE, O REGRAMENTO JURÍDICO DOS BENS NÃO SE VEM MOSTRANDO SUFICIENTE PARA RESOLVER, DE FORMA SATISFATÓRIA, A DISPUTA FAMILIAR ENVOLVENDO OS PETS, VISTO QUE NÃO SE TRATA DE SIMPLES DISCUSSÃO ATINENTE À POSSE E À PROPRIEDADE [...] 6. OS ANIMAIS DE COMPANHIA SÃO SERES QUE, INEVITAVELMENTE, POSSUEM NATUREZA ESPECIAL E, COMO SER SENCIENTE - DOTADOS DE SENSIBILIDADE, SENTINDO AS MESMAS DORES E NECESSIDADES BIOPSICOLÓGICAS DOS ANIMAIS RACIONAIS -, TAMBÉM DEVEM TER O SEU BEM-ESTAR CONSI-

> DERADO. 7. ASSIM, NA DISSOLUÇÃO DA ENTIDADE FAMILIAR EM QUE HAJA ALGUM CONFLITO EM RELAÇÃO AO ANIMAL DE ESTIMAÇÃO, INDEPENDENTEMENTE DA QUALIFICAÇÃO JURÍDICA A SER ADOTADA, A RESOLUÇÃO DEVERÁ BUSCAR ATENDER, SEMPRE A DEPENDER DO CASO EM CONCRETO, AOS FINS SOCIAIS, ATENTANDO PARA A PRÓPRIA EVOLUÇÃO DA SOCIEDADE, COM A PROTEÇÃO DO SER HUMANO E DO SEU VÍNCULO AFETIVO COM O ANIMAL. 7. Assim, na dissolução da entidade familiar em que haja algum conflito em relação ao animal de estimação, independentemente da qualificação jurídica a ser adotada, a resolução deverá buscar atender, sempre a depender do caso em concreto, aos fins sociais, atentando para a própria evolução da sociedade, com a proteção do ser humano e do seu vínculo afetivo com o animal. (REsp 1.713.167/SP, Rel. Ministro LUIS FELIPE SALOMÃO, QUARTA TURMA, julgado em 19/06/2018, DJe 09/10/2018).

Nessa senda, por certo o judiciário tem reconhecido os animais de companhia como membros da família, não o considerando apenas como semoventes no contexto de partilha, mas possibilitando que ambos os ex-cônjuges sigam convivendo com os pets, e até mesmo prevendo possibilidade de pagamento e pensão in natura, através de ração, ao cônjuge que constituir o lar de referência do animal de companhia.

Sob essa perspectiva, coaduna a conclusão de que os animais de companhia merecem distinção dos demais quando se trata de sua penhora, visto que "a ideia de um animal como uma cadeira, como móveis, como um automóvel em uma disputa judicial, a tradicional percepção legal de animais de companhia como mera res não coincide mais com o sentimento social pós-moderno" (CHAVES, 2015, p. 12).

Outro caso perceptível da aplicação da ideia da família multiespécie e prestígio do afeto envolvido na relação entre animais de estimação e seus tutores, é apelação, na qual houve alteração de decisão anterior, reconhecendo a guarda compartilhada do cão Dully, que fora presenteado pelo apelante à apelada "em momento de especial e extremo dissabor enfrentado pelos conviventes, a saber, aborto natural sofrido por esta. Vínculos emocionais, afetivos construídos em torno do animal, que devem ser, na medida do possível, mantidos" (TJRJ, 22ª C. Cível, AC 0019757-79.2013.8.19.0208, Rel. Des. Marcelo Lima Buhatem, j. 27/01/2015).

O acórdão decidiu que o semovente não pode ser tratado como simples bem, rompendo abruptamente o convívio com os integrantes da família e reconheceu a importância do animal na dinâmica da vida dos tutores, criando vínculo tão profundo, capaz de os ajudar na superação da perda do filho. Os animais de companhia não são acessórios, luxo ou aquisição supérflua, a ciência já comprovou inúmeros benefícios oriundos de sua convivência:

> Os animais de companhia comprovadamente proporcionam melhoria da qualidade de vida dos seus responsáveis. Além de obviamente diminuírem os sentimentos de solidão, os animais de companhia proporcionam um estado de felicidade obtido pelo simples convívio, além de benefícios físicos e psíquicos que são objetivamente mensuráveis. Ocorre maior ativação do sistema de liberação de ocitocina pelo sistema nervoso central daquelas pessoas responsáveis pelo cuidado de animais companhia. Tal hormônio é capaz de aumentar sentimentos de bem-estar, compaixão, felicidade e ligação social (COSTA; FERREIRA, 2018, p. 26).

Ora, ainda que haja a previsão legal que autoriza a penhora dos semoventes indistintamente, sem realizar qualquer diferenciação aos animais domésticos, se a família multiespécie é reconhecida, por consequência, apesar da possibilidade legal tanto da penhora, quanto da adoção de medidas indutivas, coercitivas, mandamentais e sub-rogatórias, nos termos do artigo 139, inciso IV, do CPC, para garantir a efetividade da execução, quando se trata dos pets, como são considerados integrantes da família, penhorar um "membro" familiar é nitidamente contrário aos preceitos constitucionais.

O AFETO COMO PATRIMÔNIO IMATERIAL E RELAÇÃO ÉTICA, SOCIAL E JURÍDICA ENTRE HUMANOS E ANIMAIS DOMÉSTICOS E COMO OS TRIBUNAIS TÊM DECIDIDO ESSES CASOS

O afeto perpassa pela esfera do patrimônio imaterial, e é preponderante para definir se existe ou não uma relação familiar capaz de afastar a penhora do animal doméstico. A origem da constituição da família é o elo de afetividade existente entre seus membros e une os integrantes do grupo familiar, que partilham mutuamente desse laço. Como brilhantemente compartilha Dias, o afeto:

> É o envolvimento emocional que leva a subtrair um relacionamento do âmbito do Direito das Obrigações -cujo núcleo

> é à vontade – para inseri-lo no Direito das Famílias, que tem como elemento estruturante o sentimento do amor que funde as almas e confunde patrimônios, gera responsabilidade e comprometimentos mútuos. Esse é o divisor entre o direito obrigacional e o familiar: os negócios têm por substrato exclusivamente à vontade, enquanto o traço diferenciador da família é o afeto. A família é um grupo social fundado essencialmente nos laços de afetividade (DIAS, 2021, p. 443).

Por conta disso, equívoco é isolar no campo do direito das obrigações a relação dos tutores com seus pets, pois é atingida pelo divisor transponível entre o direito obrigacional e o de família, que é o liame afetivo. Afastando os pets do conceito de propriedade, e, portanto, não podendo ser penhorados para cumprir obrigações, em conformidade com o princípio da afetividade.

Nas lições de Rolf Madaleno, em obra especializada Direito de Família, o princípio da afetividade é o que compõe a relação familiar e torna os membros família ligados pela dignidade humana e solidariedade. Ele define o afeto como "mola propulsora dos laços familiares" e discorre sobre o princípio da seguinte forma:

> O afeto é a mola propulsora dos laços familiares e das relações interpessoais movidas pelo sentimento e pelo amor, para ao fim e ao cabo dar sentido e dignidade à existência humana. A afetividade deve estar presente nos vínculos de filiação e de parentesco, variando tão somente na sua intensidade e nas especificidades do caso concreto. Necessariamente os vínculos consanguíneos não se sobrepõem aos liames afetivos, podendo até ser afirmada, em muitos casos, a prevalência desses sobre aqueles. O afeto decorre da liberdade que todo indivíduo deve ter de afeiçoar-se um a outro, decorre das relações de convivência do casal entre si e destes para com seus filhos, entre os parentes, como está presente em outras categorias familiares, não sendo o casamento a única entidade familiar (MADALENO, 2023, p. 110).

Quanto à permissividade para os animais participarem de processos judiciais como "partes", não há consenso entre os tribunais do país, havendo necessidade de que os tribunais superiores revejam a matéria e se posicionem melhor, a fim de uniformizar e pacificar a questão.

Percebe-se uma evolução sobre o tema no estado do Paraná, com decisões pelo TJ-PR no sentido de permitir em casos excepcionais que os animais figurem como partes processuais, como no julgamento dos autos nº 0059204-56.2020.8.16.000, em que uma ONG na cidade de Cascavel, no Paraná, ajuizou ação contendo no polo ativo dois cachorros — Skype e Rambo —, vítimas de maus-tratos. Os pets foram abandonados por 29 dias enquanto os donos viajavam. Na ação, os cachorros pleiteavam pensão mensal e indenização por dano moral. O juízo de primeiro grau extinguiu o processo por entender que animais não podem ser parte de um processo. No entanto, em sede de recurso, os desembargadores da 7ª Câmara Cível do TJ-PR entenderam de forma distinta, constituindo precedente pioneiro na possibilidade de animais configurarem como partes em processos, ainda que representados.

Essas considerações são para trazer insights como: "será que se considerados como sujeitos de direito, os animais domésticos poderiam opor embargos de terceiro, representados por seus responsáveis legais, em processos de execução que se discute sua penhora?". A depender da interpretação do tribunal, sim.

Como é cediço, a discussão envolvendo reconhecimento dos animais de companhia como sujeitos de direito, gera diversos questionamentos, como: "haveria implicações na partilha da herança?". Como esse reconhecimento ainda é prematuro, contém várias arestas e suscita amplo debate, envolvendo questões que o Direito ainda não possui respostas, no tópico seguinte se proporá via alternativa para suprimir qualquer óbice à impenhorabilidade e discussões paralelas ao resguardo dos pets com maior celeridade.

Porventura, o que se busca defender é que deveria ser assentada de uma vez por todas a impenhorabilidade do animal doméstico, devido ao elemento "afeto".

O afeto já é resguardado como direito de personalidade pela ordem jurídica, repercutindo até mesmo casos de responsabilidade por abandono afetivo, "dessa maneira, o afeto deve ser considerado e reconhecido como valor jurídico constitucional, viabilizando a dignidade ao romper paradigmas históricos, culturais e social" (SOUZA, 2011, p. 124).

De acordo com dados estatísticos divulgados pelo IBGE, no ano de 2013, o Brasil é o 4º país com maior quantidade de animais de estimação (132 milhões) e o 2º em número de cães, gatos e aves canoras e ornamentais (IBGE, 2013). Desses dados, 44,3% dos lares têm pelo menos um cão, e 17,7% têm ao menos um gato. O Paraná é o estado em que mais casas há cães, possivelmente por conta desse cenário que o Tribunal de Justiça do Estado do Paraná é precursor de decisões permitindo que os animais componham processos judiciais.

Em face da realidade da presença de cães no domicílio brasileiro, em que é parte da cultura considerá-los como membros da família, a penhora do animal doméstico nesse contexto representa um ilícito, afetando não só o devedor, mas toda a família, por perturbar bem imaterial impenhorável (o afeto).

É notório que o tema desafia os operadores do direito, com dúvidas como: o animal silvestre criado como animal doméstico, também seria (im) penhorável?

Para solucionar a questão, a título exemplificativo: existem cobras que podem ser compradas em cativeiros legais com registro no Ibama, como a salamanta, uma serpente não peçonhenta que é muito procurada como pet, custando em média R$ 3.500, também a jiboia, cujo custo gira em torno de R$ 4.500, além da píton real, que o custo é em média R$ 6.500.

Essas cobras que têm por natureza a classificação de animais silvestres, porém com permissivo legal para serem criadas domesticamente, e custam valor considerável, interessando ao credor em eventual execução, devem ser rotuladas pela classificação natural ou o liame afetivo também resolve esses casos? Propõe-se que a afetividade também sobressai nesses casos, mas que incumbe ao executado comprovar a existência desse afeto mútuo entre cobra e domesticador, e devido à própria natureza desses animais, na prática difícil, pois diferentemente de animais de companhia como os cachorros, em que é factível as afeições do pet por seu responsável, quanto aos animais silvestres, o ônus é de difícil comprovação.

Uma vez provado, afasta a penhorabilidade. Caso não comprovado, a penhora pode ser efetivada.

Por fim, quanto ao entendimento dos Tribunais relacionado à penhora dos animais domésticos (pets), com muita felicitação é possível contemplar uma evolução sobre o tema em debate, com a relativização da penhorabilidade e reconhecimento como sujeito de direito:

> AGRAVO DE INSTRUMENTO – Monitória – Cheques – Cumprimento de sentença – Magistrado que indeferiu os pedidos da exequente/agravante de inclusão da filha da executada/agravada no polo passivo da execução; de penhora de semovente de propriedade da executada (Cachorra Maltês – Cristal) e deferiu a expedição de mandado de constatação ao endereço da executada/agravada, a fim de que se constate se a executada exerce a posse sobre o veículo – Razoabilidade

> - Inadmissível a inserção, na fase de execução, de terceiro (filha da agravada), menor de idade que não integrou a ação de conhecimento, com subsequente constrição de bens de sua propriedade (conta poupança), sendo que sequer participou da fase de conhecimento e não consta, por consequência, no título judicial – Penhora de semovente (cachorro), de outro lado, que não pode ser considerado como "coisa" – Animal não se afigura como bem passível de penhora, mas sujeito de direitos – Recurso não provido.
>
> (TJSP; Agravo de Instrumento 2189342-30.2022.8.26.0000; Relator (a): Lígia Araújo Bisogni; Órgão Julgador: 23ª Câmara de Direito Privado; Foro de Campinas - 7ª. Vara Cível; Data do Julgamento: 01/12/2022; Data de Registro: 01/12/2022).

Através desse esparso precedente, é possível concluir que tem sido reconhecido em casos isolados o animal como sujeito de direito e não como "coisa" sujeita à penhora, apenas reforçando a defesa de sua impenhorabilidade.

ÓBICE À PENHORA DOS ANIMAIS DOMÉSTICOS: NECESSIDADE DE EXTENSÃO DO CONCEITO DE BEM DE FAMÍLIA PARA CONCRETIZAÇÃO DOS DIREITOS DE PERSONALIDADE

O bem de família trata-se de aparato jurídico criado para proteger núcleo básico do indivíduo humano, capaz de manter sua dignidade material e intrínseca ao seu ser, assim como de sua família.

A origem do bem de família é norte-americana, remetendo à Constituição texana do ano de 1845, que trazia o conceito de "homestead" como porção de terra dos chefes de família não compelida à alienação judicial por débitos posteriores à aquisição, com alguns requisitos a serem preenchidos (PEREIRA, 2022, p. 798).

Advinda de um contexto histórico que pendeu pela consolidação da instituição do bem de família, no Brasil a Constituição Federal inseriu no artigo 5º, caput, a propriedade como direito fundamental, materializando-se mediante a Lei nº 8.009/90, que disciplina sobre a impenhorabilidade do bem de família, conforme alumia o doutrinador Pereira (2022): "Deve ser garantido que certos bens, de regra, não poderão ser penhorados para garantir o pagamento de dívidas. Daí se falar em bens impenhoráveis; alguns absolutamente, outros relativamente" (p. 799).

A Lei 8.009/90 traz respaldo especialmente para proteção de imóvel residencial próprio da entidade familiar, e ainda que não possuam imóvel, também blinda os móveis que guarnecem a residência alugada (parágrafo único do artigo 2º), com exceção de hipóteses específicas previstas em lei.

Assim, com relação à proteção pela legislação brasileira de certos bens impenhoráveis e oponibilidade desse conceito em favor dos animais domésticos, cita-se:

> Há um lado prático da vida humana que precisa ser diariamente protegido por um conjunto mínimo de bens materiais essenciais à possibilidade de existência digna. Assim nasce o instituto da impenhorabilidade, proteção mínima oferecida pelo Estado a certos bens do indivíduo, que flexibiliza o princípio da responsabilidade material. [...] a proteção jurídica do patrimônio mínimo do indivíduo está disciplinada em vários dispositivos legais, dentre os quais se destaca o artigo 833 do Código de Processo Civil. O grande exemplo de proteção mínima contra a constrição é a do bem de família, disciplinado pela Lei 8.009/90, o qual o legislador estabeleceu ser impenhorável em razão de ter sido considerado como necessário para que uma família viva com dignidade em sociedade. Nesse contexto, o que muito se discute hodiernamente é se os animais de estimação, que são considerados bens móveis nos termos do artigo 82 do Código Civil brasileiro, também poderiam ser protegidos pelo instituto da impenhorabilidade, tendo em vista a sua importância atual para a instituição familiar e os novos valores sociais, frutos da evolução da humanidade e que entendem os animais não humanos como seres que merecem respeito e proteção e, por que não, direitos (ALONSO; CARDIN, 2020, p. 137).

Nesse viés, ainda que discutível a condição do animal doméstico no patamar de "bem" versus "sujeito de direito", a maneira mais célere de contornar a situação e todas as implicações que eventual alteração causaria, é estender o conceito de bem de família para os animais domésticos, atribuindo-lhes a mesma proteção que recebe o bem de família.

Veja, já que o animal até então é considerado "bem móvel", "propriedade" e a propriedade é protegida pela Lei 8.099/90, essa inclusão dos animais domésticos como bem de família, e, portanto, impenhoráveis, representaria óbice à penhora e avanço na concretização dos direitos de personalidade do executado e sua família.

Logo, se para prestigiar dignidade ao homem, é imperioso reconhecer o afeto como valor inerente à sua condição, sendo um direito subjetivo de personalidade indispensável, é contrassenso permitir que seja protegido da penhora bens móveis como fogão, geladeira, mas não esculpir à proteção ao animal doméstico, que embora seja considerado bem móvel, tem tamanha relevância a ponto de ser considerado membro de entidade familiar a compor família multiespécie.

Quanto à discussão da penhora ou não do animal de estimação para compelir o devedor a cumprir com a obrigação, se considerar as alterações sociais nas entidades familiares, pelo vínculo de afeto dos pets com as famílias, a conclusão é de que:

> A penhora de animais seria possível apenas para aqueles sujeitos à atividade econômica, "não incluídos os animais de estimação", pois aqueles teriam valor monetário, e esses seriam impenhoráveis por manterem "relações afetivas com seus tutores, dentro do ambiente familiar." (MACHADO, 2019, p. 47-48).

Nesse escopo, já que os animais domésticos ainda são considerados como bens móveis, e os bens móveis que guarnecem a residência do executado, salvo os de elevado valor ou os que ultrapassem as necessidades comuns correspondentes a um médio padrão de vida, são impenhoráveis, os pets deveriam ter essa proteção conferida, alterando o dispositivo para prever sua impenhorabilidade.

Enfrentados todos os pontos, inclusive, se os animais domésticos não fossem contemplados como sujeitos de direitos, ainda sim, na condição de res (no latim, coisa), não poderiam ser dispostos para satisfação de créditos, pois devem possuir proteção de bem de família, visto que, se são considerados bens e ao mesmo tempo reconhecidos como membros de entidade familiar, é urgente reconhecer a sua (im)penhorabilidade seja pelo status de sujeito de direito, seja como bem da família, sob standards da menor onerosidade ao devedor, o melhor interesse do animal e ao afeto mútuo partilhado entre os pets e as famílias nas quais estão inseridos.

CONCLUSÃO

Em que pese o processo de execução deva prezar pela efetividade da execução, e o devedor responder com todos os seus bens (artigo 789, CPC), há exceções afastadas pelo próprio CPC (artigo 833) e pela lei de impenhorabilidade (Lei nº 8.0009/1990).

Ainda que a lei autorize a penhora de semoventes por serem considerados bens móveis de acordo com a legislação brasileira, buscou-se demonstrar que essa definição não está mais sintonizada com a sociedade hodierna. Estamos inseridos em contexto de evolução da concepção de entidades familiares, tendo o animal doméstico adquirido tal relevância a ponto de constituir família multiespécie, reconhecida pelo Direito.

Logo, a penhorabilidade dos pets deve ser afastada, seja pelo reconhecimento de sua condição como seres vivos/sujeitos de direito, ou subsidiariamente enquanto se mantém o entendimento do Código Civil que os define como bens móveis, a impenhorabilidade do bem de família deve ser estendida para contemplá-los.

O liame afetivo existente entre os animais de companhia e seus donos não pode ser ignorado pelo Direito, e enquanto essas questões não são pacificadas, deve o julgador de casos envolvendo essas peculiaridades, diante desses "hard cases", utilizar-se de macroprincípios e propor soluções razoáveis a equilibrar os interesses contrapostos na execução.

É preciso considerar mecanismos jurídicos e não desprezar o melhor interesse do animal, desviando o foco do antropocentrismo e aplicando a lei por meio de conceitos éticos amplos, atendendo aos fins sociais e às exigências do bem comum, em consonância com o previsto no artigo 5º da LINDB.

Ademais, é primordial a sagacidade dos operadores do Direito para lidarem com casos como esses, em que se necessita de proteção jurídica especial, e é preciso que se reconheça ao menos, a senciência dos pets, não existindo como meros bens semoventes.

Por fim, quanto à noção de justiça, e com a pretensão de contribuir com o tema, para saber qual melhor caminho a ser seguido quando em aparente conflito de interesses, como nesse caso entre exequente e executado, é válido lembrar que para a realização da justiça há dois pontos a serem privilegiados, primeiro: "a justiça é teleológica. Para definir os direitos, é preciso saber qual é o télos (palavra grega que significa propósito, finalidade ou objetivo) da prática social em questão" (SANDEL, 2017, p. 233).

Mas não só a finalidade, outro ponto a ser analisado é que "a justiça é honorífica. Compreender o télos de uma prática —ou discutir sobre ele — significa, pelo menos em parte, compreender ou discutir as virtudes que ela deve honrar e recompensar" (SANDEL, 2017, p. 233).

Com esses ensinamentos, a finalidade da (im)penhorabilidade do animal doméstico não é afastar o credor da satisfação do débito, mas que sobejando as virtudes que a lei deve honrar, o respeito à relação afetiva desenvolvida entre o animal doméstico e seu tutor, deve ser respeitada e urgentemente reconhecida essa (im)penhorabilidade.

8

A IMPENHORABILIDADE DA QUANTIA DEPOSITADA EM CADERNETA DE POUPANÇA ATÉ O LIMITE DE 40 SALÁRIOS-MÍNIMOS

Larissa Pablessa Vaz Chaves

INTRODUÇÃO

A execução, tanto de títulos executivos judiciais como de extrajudiciais, segue o rito previsto no Código de Processo Civil, o qual define uma sequência de bens passíveis de penhora, seguindo uma ordem de prioridade, com objetivo de satisfazer o crédito devido. Porém visando uma proteção ao executado, dispõe em seu artigo 833 os bens que não são passíveis de penhora, os denominados bens impenhoráveis.

Dentro do supramencionado artigo, seu inciso X prevê que é impenhorável a quantia de até 40 salários-mínimos depositada em caderneta de poupança. De leitura do dispositivo legal, pode-se extrair uma interpretação restritiva, a qual conclui que para ser impenhorável, a quantia deve ser no valor de até 40 salários-mínimos e estar depositada em caderneta de poupança, sendo esse último requisito motivo de controvérsias acerca da aplicação da regra legal.

As controvérsias giram em torno da extensão da interpretação do termo "caderneta de poupança", se ele deve ser aplicado de maneira restrita ou deve atingir outros meios de depósito de quantia, como conta corrente, fundo de investimentos, guardados em papel-moeda e outros meios.

Diante disso, a fim de solucionar tal embate, o Superior Tribunal de Justiça (STJ) tem se posicionado de uma maneira mais ampla, permitindo uma interpretação extensiva do artigo 833, inciso X, do CPC, trazendo em suas decisões a impossibilidade de penhora de quantias de até 40 salários mínimos não apenas em caderneta de poupança, mas também nos demais meios.

Todavia, esse entendimento, por ora, é considerado apenas um precedente, não tendo caráter vinculante em nosso ordenamento jurídico, portanto, não é obrigatória sua aplicação.

Dessa forma, o embate acerca da aplicação extensiva ou restritiva do referido artigo ainda está presente dentro dos tribunais, trazendo também discussões sobre o posicionamento e as decisões do STJ, principalmente de como se dá a aplicabilidade desses precedentes nos casos existentes no Brasil e origem da interpretação extensiva. Ademais, traz à tona o debate acerca dos problemas que surgem com essa interpretação, a qual se concentra entre o entendimento de que essa extensão é uma proteção para o devedor, tendo em vista os direitos previstos na Constituição Federal, e outro que entende que é um empecilho para a satisfação da execução.

Com isso, tem-se a necessidade de analisar os fundamentos das decisões e a abrangência desse entendimento, a fim de buscar respostas às controvérsias criadas por essa interpretação.

A EXECUÇÃO NO ORDENAMENTO JURÍDICO BRASILEIRO

Wambier e Talamini (2020, p. 41) ensinam que para regular as relações humanas e estabelecer um convívio harmônico em sociedade, o ordenamento jurídico estabelece uma série de normas de condutas disposta em preceitos legais, que determinam ou vedam dados comportamentos em certas circunstâncias. Além disso, estabelece medidas destinadas para a observância desses preceitos, os quais por diversas vezes não seriam espontaneamente adotados se não fosse a imposição legal.

Diante disso, "cabe ao Estado assegurar a observância do ordenamento jurídico, uma vez que monopoliza a força, no direito moderno" (WAMBIER; TALAMINI, 2020, p. 43), devendo exercer jurisdição sobre a lide, a qual se materializa por meio do processo judicial.

Com isso, Montenegro Filho (2023, p. 1) conclui que se tem o direito processual civil, direito constitucional, direito administrativo, direito penal, direito processual penal etc., como conjuntos de normas jurídicas, que buscam criar mecanismos para gerenciar conflitos de interesses, disciplinando a jurisdição, ação e processo.

No que tange ao processo civil, assim conceitua Gonçalves (2023, p. 16):

> O Processo Civil é o ramo do direito que contém as regras e os princípios que tratam da jurisdição civil, isto é, da aplicação da lei aos casos concretos, para a solução dos conflitos

> de interesses pelo Estado-juiz. O conflito entre sujeitos é condição necessária, mas não suficiente para que incidam as normas de processo, só aplicáveis quando se recorre ao Poder Judiciário apresentando-se- como uma pretensão. Portanto, só quando há conflito posto em juízo.

Dentro do processo civil, observam-se duas formas de processo: conhecimento e execução.

Sobre as formas de processo, Moreira (2012, p. 3) ensina que o exercício da função jurisdicional visa realizar a atuação prática da norma jurídica em determinada situação, em que a formulação da norma jurídica concreta corresponde ao processo de conhecimento e a atuação prática da norma jurídica concreta é o processo de execução.

Com isso, tem-se que o processo de conhecimento "busca o reconhecimento jurisdicional da existência ou inexistência de um direito, pleiteando ao juíz que investigue fatos pretéritos e aplique o ordenamento a tais fatos, de modo a afirmar quem tem razão" (WAMBIER; TALAMINI, 2018, p. 276).

Por outro lado, o processo de execução, segundo Marinoni, Arenhart e Mitidiero (2019), "nada mais é do que uma prestação jurisdicional voltada à tutela do direito de crédito" (p. 753). Sendo assim, o processo de execução surge de um inadimplemento, que, conforme define Lôbo (2020), é "[...] o não cumprimento da obrigação, nos devidos tempo, lugar e forma" e "ao direito interessa regular as consequências que dele emanam, nomeadamente quanto à mais importante: a responsabilidade patrimonial do devedor" (p. 258).

Quando se fala em execução em um sentido amplo, se está diante de um título executivo judicial ou extrajudicial. O primeiro origina-se de uma sentença proferida no processo de conhecimento e dará sequência ao cumprimento de sentença; já o segundo, que está previsto no artigo 784 do Código de Processo Civil, tem por si só poder executivo, não dependendo de um prévio processo de conhecimento em torno de si.

Dessa forma, para que haja a execução, conforme artigo 783 do CPC, tem-se a necessidade da existência de um título executivo judicial ou extrajudicial, junatamente com sua liquidez, certeza e exigibilidade.

Cumprindo todos os requisitos exigidos pela lei, o credor do título, oriundo de um inadimplemento, tem o direito de executá-lo, ou seja, tem o direito de satisfazer o seu crédito com o pagamento do que lhe é devido.

Todavia, assim como todo o ramo do direito, para que haja a satisfação da execução, é necessário observar os princípios norteadores do processo executivo. Destaca-se que, como consequência do caráter jurisdicional da execução, aplicam- se todos os princípios inerentes ao processo civil, mas há princípios pontuados como fundamentais à execução.

Wambier e Talamini realizam uma abordagem bipartida dos princípios, dividindo-os em princípios específicos ou setoriais da execução — princípio da autonomia da execução, princípio do título, princípio da realidade da execução e da responsabilidade patrimonial, princípio da disponibilidade da execução — e algumas particularidades que envolvam a aplicação dos princípios gerais na execução — princípio da máxima utilidade da execução, princípio do menor sacrifício do executado, princípio do contraditório (WAMBIER; TALAMINI, 2020, p. 179).

Nesse momento, destacam-se os princípios da máxima utilidade da execução e menor sacrifício do executado.

O princípio da máxima utilidade da execução norteia a execução em favor do credor, na medida em que aponta que ela deve objetivar ao máximo restaurar seu status quo ante, como se não tivesse havido a transgressão de seu direito. Com isso, trata-se de um desdobramento do princípio constitucional da máxima utilidade da atuação jurisdicional "sintetizada na célebre afirmação de que o processo deve dar a quem tem direito tudo aquilo e exatamente aquilo a que tem direito, inerente à garantia da inafastabilidade da adequada tutela jurisdicional (CF, art. 5º, XXXV)" (WAMBIER; TALAMINI, 2020, p. 182).

Em outra perspectiva, o princípio do menor sacrifício do executado norteia a execução em favor do devedor, assegurando que se deve buscar sempre o meio menos gravoso para ele, uma vez que a execução tem como objetivo a sanção por meio da satisfação do credor, não sendo uma maneira de punir o executado.

Ademais, o artigo 805 do Código de Processo Civil preceitua acerca do referido princípio, dispondo que "quando por vários meios o exequente puder promover a execução, o juiz mandará que se faça pelo modo menos gravoso para o executado", porém, "ao executado que alegar ser a medida executiva mais gravosa incumbe indicar outros meios mais eficazes e menos onerosos, sob pena de manutenção dos atos executivos já determinados" (parágrafo único).

Dessa forma, cumprindo os requisitos exigidos na lei, sejam eles título executivo judicial ou extrajudicial, liquidez, certeza e exigibilidade, juntamente com os princípios norteadores da execução, busca-se a satisfação do crédito do credor, por meio de uma série de medidas dispostas pelo legislador, entre elas as medidas constritivas, em que se encontra a penhora dos bens do devedor.

IMPENHORABILIDADE DOS BENS DO DEVEDOR NO CÓDIGO DE PROCESSO CIVIL

Conforme mencionado anteriormente, cumpridos os requisitos estabelecidos em lei, permite-se ao credor a busca da satisfação do seu crédito. Para isso, o Código de Processo Civil prevê medidas para que essa satisfação ocorra, dentre elas, a penhora dos bens do devedor.

Segundo Moreira (2012), a penhora é "o ato pelo qual se apreendem bens para empregá-los, de maneira direta ou indireta, na satisfação do crédito exequendo" (p. 237), com isso, "deve incidir sobre bens legalmente penhoráveis (art. 832: "não estão sujeitos à execução os bens que a lei considera impenhoráveis ou inalienáveis") e há de respeitar o montante da dívida exequenda" (THEODORO JÚNIOR, 2023, p. 994).

Todavia, visando uma proteção ao executado, o Código de Processo Civil dispõe em seu artigo 833 os bens em que o juiz está impedido (de ofício ou requerimento) de realizar a penhora ou expropriação, os denominados bens impenhoráveis, sendo eles:

> Art. 833. São impenhoráveis:
>
> I - os bens inalienáveis e os declarados, por ato voluntário, não sujeitos à execução;
>
> II- os móveis, os pertences e as utilidades domésticas que guarnecem a residência do executado, salvo os de elevado valor ou os que ultrapassem as necessidades comuns correspondentes a um médio padrão de vida;
>
> III- os vestuários, bem como os pertences de uso pessoal do executado, salvo se de elevado valor;
>
> IV- os vencimentos, os subsídios, os soldos, os salários, as remunerações, os proventos de aposentadoria, as pensões, os pecúlios e os montepios, bem como as quantias recebidas por liberalidade de terceiro e destinadas ao sustento do devedor e de sua família, os ganhos de trabalhador autônomo e os honorários de profissional liberal, ressalvado o § 2º;

> V- os livros, as máquinas, as ferramentas, os utensílios, os instrumentos ou outros bens móveis necessários ou úteis ao exercício da profissão do executado;
>
> VI- o seguro de vida;
>
> VII- os materiais necessários para obras em andamento, salvo se essas forem penhoradas;
>
> VIII- a pequena propriedade rural, assim definida em lei, desde que trabalhada pela família;
>
> IX- os recursos públicos recebidos por instituições privadas para aplicação compulsória em educação, saúde ou assistência social;
>
> X- a quantia depositada em caderneta de poupança, até o limite de 40 (quarenta) salários-mínimos;
>
> XI- os recursos públicos do fundo partidário recebidos por partido político, nos termos da lei;
>
> XII- os créditos oriundos de alienação de unidades imobiliárias, sob regime de incorporação imobiliária, vinculados à execução da obra.(BRASIL, 2015)

Dentre todas as hipóteses de impenhorabilidade, destaca-se o que prevê o inciso X, o qual dispõe acerca da impenhorabilidade da quantia depositada em caderneta de poupança, até o limite de 40 salários-mínimos. Isso, porque a interpretação desse inciso gera inúmeras controvérsias acerca de sua extensão.

O termo "caderneta de poupança" é o escopo de uma discussão que já existe há algum tempo, pois o Superior Tribunal de Justiça (STJ) possui interpretação extensiva, estendendo impenhorabilidade conferida à conta poupança também a valores depositados em conta corrente, fundos de investimento e guardados em papel-moeda, observado o valor de 40 salários-mínimos.

Confira-se exemplo de julgado do STJ nesse sentido:

> PROCESSUAL CIVIL. EMBARGOS DE DIVERGÊNCIA EM RE- CURSO ESPECIAL. PROCESSUAL CIVIL. IMPENHORABILIDADE. ARTIGO 649, IV e X, DO CPC. FUNDO DE INVESTIMENTO. POUPANÇA. LIMITAÇÃO. QUARENTA SALÁRIOS MÍNIMOS. PARCIAL PROVIMENTO.

> 1.A remuneração a que se refere o inciso IV do art. 649 do CPC é a última percebida, no limite do teto constitucional de remuneração (CF, art. 37, XI e XII), perdendo esta natureza a sobra respectiva, após o recebimento do salário ou vencimento seguinte. Precedente.
>
> 2. O valor obtido a título de indenização trabalhista, após longo período depositado em fundo de investimento, perde a característica de verba salarial impenhorável (inciso IV do art. 649). Reveste-se, todavia, de impenhorabilidade a quantia de até quarenta salários mínimos poupada, seja ela mantida em papel-moeda; em conta corrente; aplicada em caderneta de poupança propriamente dita ou em fundo de investimentos, e ressalvado eventual abuso, má-fé, ou fraude, a ser verificado caso a caso, de acordo com as circunstâncias da situação concreta em julgamento (inciso X do art. 649).
>
> 3.Recurso especial parcialmente provido.
>
> (REsp n. 1.230.060/PR, relatora Ministra Maria Isabel Gallotti, Segunda Seção, julgado em 13/8/2014, DJe de 29/8/2014).

Contudo tal interpretação não tem caráter vinculante, tratando-se apenas de um precedente persuasivo, não sendo obrigatória sua aplicação pelo julgador, criando-se uma insegurança jurídica para o credor e para o devedor, pois há a sua aplicação em determinados Tribunais e em outros não, como será visto na sequência.

Além disso, as decisões no sentido da interpretação extensiva do inciso X, do artigo 833, do CPC, geram outras discussões, uma vez que a execução é um processo delicado e o tema sobre a penhora de bens do devedor é ainda mais sensível, pois atinge direitos fundamentais resguardados pela Constituição Federal em ambos os lados, gerando controvérsias acerca dos impactos de tal interpretação na execução.

ANÁLISE DA DECISÃO DO STJ QUE DECIDIU PELA INTERPRETAÇÃO EXTENSIVA DA REGRA DE IMPENHORABILIDADE DOS 40 SALÁRIOS- MÍNIMOS DEPOSITADOS EM CADERNETA DE POUPANÇA

A discussão acerca da interpretação e extensão da regra de impenhorabilidade dos 40 salários-mínimos resguardados em caderneta de poupança se estende há alguns anos, como visto pelo REsp n. 1.230.060/

PR, de relatoria da Ministra Maria Isabel Gallotti, julgado em 13/8/2014 na vigência do antigo Código de Processo Civil, que em seu artigo 649, inciso X, também dispunha que eram absolutamente impenhoráveis valores de até de 40 salários-mínimos depositados em caderneta de poupança.

Em seu voto, a relatora posiciona-se divergente ao que foi decidido anteriormente pela 3ª Turma no REsp 1.330.567/RS, que se posicionou pela interpretação restritiva do referido artigo, uma vez que a caderneta de poupança é de "baixo risco e retorno, contando com proteção do Fundo Garantidor de Crédito e isenção do imposto de renda", sendo concebida para "pequenos investimentos, destinados a atender o titular e sua unidade familiar em situações emergenciais, por um período determinado (e não muito longo) de tempo" e outras modalidades de investimentos são "de maior risco e rentabilidade, não detêm esse caráter alimentício, sendo voltados para valores mais expressivos e/ou menos comprometidos, destacados daqueles vinculados à subsistência mensal do titular e sua família", todavia, a Ministra Maria Isabel Gallotti entendeu pela interpretação extensiva do inciso X, do artigo 649, do antigo CPC.

A relatora, em seus fundamentos, destacou que a impenhorabilidade prevista pelo legislador tem como objetivo proteger os devedores de execuções que comprometam o mínimo existencial para subsistência, dessa forma, não haveria diferença onde esse dinheiro se encontra, uma vez que atualmente a conta poupança não é a única modalidade de investimento existente e difundida.

Trazendo a discussão para a atualidade, à luz do atual Código de Processo Civil, as decisões da Corte Superior vêm mantendo o posicionamento anteriormente mencionado, no sentido de estender a interpretação do artigo que dispõe sobre a impenhorabilidade de 40 salários-mínimos depositados em caderneta de poupança, atingindo também valores constantes em conta corrente, fundos de investimento e guardados em papel-moeda.

Veja-se decisão recente da Corte Superior, datada de 2023:

> ADMINISTRATIVO. AGRAVO INTERNO. PENHORA. SISTEMA BACENJUD. DEPÓSITO EM CONTA BANCÁRIA ATÉ O LIMITE DE 40 SALÁRIOS MÍNIMOS. IMPENHORABILIDADE PRESUMIDA. POSSIBILIDADE DE DESBLOQUEIO EX OFFICIO .
>
> 1. A penhora eletrônica não pode descurar-se do disposto no art. 833, X, do CPC, uma vez que "a previsão de impenhora-

> bilidade das aplicações financeiras do devedor até o limite de 40 salários-mínimos é presumida, cabendo ao credor demonstrar eventual abuso, má-fé ou fraude do devedor, a ser verificado caso a caso, de acordo com as circunstâncias de cada hipótese trazida à apreciação do Poder Judiciário" (AREsp n. 2.109.094/RS, Rel. Ministro Gurgel de Faria, DJe de 16/8/2022).
>
> 2. Assim, afasta-se a alegada violação ao art. 854, § 3º, I, do CPC, ante a impenhorabilidade absoluta de valores mantidos em conta- corrente ou em aplicações financeiras do devedor até o limite de 40 salários mínimos.
>
> 3.Nessa esteira, a Segunda Turma do STJ, ao julgar o AgInt no AREsp n. 2.054.335/RS, Rel. Ministro Francisco Falcão, DJe de 28/6/2022, decidiu que, "Quanto à suposta afronta ao art. 854, §3º, I, do CPC/2015, verifica-se que a decisão proferida pelo Tribunal de origem, de que os valores inferiores a 40 salários-mínimos são impenhoráveis, vai ao encontro da jurisprudência do Superior Tribunal de Justiça".
>
> 4.Nos termos da jurisprudência firmada no âmbito desta Corte de Justiça, a impenhorabilidade constitui matéria de ordem pública, cognoscível de ofício pelo juiz, não havendo falar em nulidade da decisão que, de plano, determina o desbloqueio da quantia ilegalmente penhorada.
>
> 5.Agravo interno não provido.
>
> (AgInt no AREsp n. 2.209.418/RS, relator Ministro Sérgio Kukina, Primeira Turma, julgado em 13/2/2023, DJe de 16/2/2023).

Os atuais posicionamentos do STJ, no sentido da extensão da interpretação do termo "caderneta de poupança", afirmam que "a previsão de impenhorabilidade das aplicações financeiras do devedor até o limite de 40 salários-mínimos é presumida, cabendo ao credor demonstrar eventual abuso, má-fé ou fraude do devedor, a ser verificado caso a caso, de acordo com as circunstâncias de cada hipótese trazida à apreciação do Poder Judiciário" (AREsp 2.109.094/RS, Rel. Ministro Gurgel de Faria, DJe de 16/08/2022).

Dessa forma, conclui-se que independentemente de onde se encontram depositados os valores de 40 salários-mínimos, esses são presumidamente impenhoráveis, tornando-se ônus do credor comprovar a má-fé ou fraude do devedor para que se afaste a impenhorabilidade desses valores.

Retira-se de tudo isso, tanto do posicionamento do Superior Tribunal de Justiça na vigência do antigo CPC, como no atual CPC, que a origem dessa interpretação extensiva é na ideia de que a intenção do devedor seja "poupar" ou "guardar" o dinheiro depositado, visando à proteção do mínimo existencial do devedor e de sua família.

PRECEDENTE NÃO VINCULANTE

No ordenamento jurídico brasileiro, a lei sempre foi considerada como fonte primária do direito, surgindo dessa maneira o sistema jurídico civil law, derivado do positivismo, em que a aplicação do direito está baseada no direito positivado/escrito.

O Código de Processo Civil de 2015 introduziu "instrumentos que possibilitam a adoção ou a aplicação pelos julgadores, no momento de fundamentar as suas decisões judiciais, de outras decisões anteriormente proferidas aos casos semelhantes e que estejam em julgamento" (RAMOS, 2013, s/p). Dessa forma, criou-se uma aproximação entre o sistema civil law (direito positivado) e a commom law (direito jurisprudencial).

Com isso, o precedente nada mais é do que uma "decisão judicial tomada à luz de um caso concreto, cujo núcleo essencial pode servir como diretriz para o julgamento posterior de casos análogos" (RAMOS, 2013, s/p). Ademais, são decisões com potencialidade de se firmarem como paradigmas para as demais decisões judiciais.

Podem-se classificar os precedentes em: obrigatórios ou vinculantes e persuasivos.

Os precedentes obrigatórios são aqueles que devem ser seguidos independentemente da opinião do julgador, possuindo um caráter vinculante. No Brasil, observam-se os seguintes precedentes obrigatórios, previstos no artigo 927 do CPC: I) as decisões do Supremo Tribunal Federal em controle concentrado de constitucionalidade; II) os enunciados de súmula vinculante; III) os acórdãos em incidente de assunção de competência ou de resolução de demandas repetitivas e em julgamento de recursos extraordinário e especial repetitivos; IV) os enunciados das súmulas do Supremo Tribunal Federal em matéria constitucional e do Superior Tribunal de Justiça em matéria infraconstitucional; V) a orientação do plenário ou do órgão especial aos quais estiverem vinculados.

Em outra perspectiva, os precedentes persuasivos são regra no direito brasileiro, e são caracterizados como um precedente que o juiz não está obrigado a seguir, portanto, se seguir é porque está convencido da sua correção.

Conforme lecionam Theodoro Júnior e Andrade, é extremamente comum surgir dúvidas acerca desses dois tipos de precedentes, uma vez que ambos são decisões judiciais anteriores e que possuem caráter orientativo para futuros julgamentos, dentro dessa ideia, os autores diferenciam os termos da seguinte forma:

> [...] no caso do precedente vinculante se tem a obrigação jurídica do juiz, ao julgar o caso futuro, de se ater ao que foi decidido no precedente, ou seja, aplicar a ratio decidendi fixada no precedente vinculante, salvo exceções (enquadráveis na distinção e na mutação do entendimento jurisprudência); ao contrário, nos precedentes persuasivos o julgamento do juiz é mais livre podendo estabelecer com maior liberdade se segue ou não a orientação contida no julgamento anterior. (THEODORO JÚNIOR; ANDRADE, 2021, p. 18-19).

Diante da breve contextualização dos precedentes no ordenamento jurídico brasileiro, destaca-se que, conforme mencionado anteriormente, o Superior Tribunal de Justiça tem um entendimento de extensão da interpretação do termo "caderneta de popança" prevista no inciso X do artigo 833 do CPC, todavia, tal entendimento não tem caráter de precedente vinculante.

Dessa forma, o entendimento do STJ acerca do tema tem caráter meramente persuasivo, fazendo com que sua observância não seja obrigatória pelo julgador, podendo ele decidir de maneira diferente caso não concorde, uma vez que não está vinculado ao entendimento, seguindo apenas se estiver convencido de sua correção. Uma consequência disso é a insegurança jurídica, imprevisibilidade, instabilidade e a desigualdade gerada, visto que podem haver decisões diferentes entre os Tribunais, bem como decisões divergentes dentro do próprio Tribunal.

Com isso, pode-se observar dentro de uma mesma Corte decisões que seguem integralmente o entendimento do STJ, decisões que divergem e decisões que seguem parcialmente.

POSICIONAMENTOS DIVERSOS NOS TRIBUNAIS

Como explorado anteriormente, pelo fato de o entendimento do Superior Tribunal de Justiça acerca da extensão da interpretação da impenhorailidade de valores até 40 salários-mínimos ser um precedente meramente persuasivo, isso tem refletido e gerado uma enorme insegurança jurídica nos tribunais estaduais e federais de instâncias inferiores, diante das inúmeras decisões divergentes.

O estudo será realizado no âmbito do estado do Paraná, dessa forma, trará entendimentos do Tribunal de Justiça do Estado do Paraná, no que tange à Justiça Estadual, e do Tribunal Regional Federal da 4ª região, na esfera da Justiça Federal.

TRIBUNAL DE JUSTIÇA DO ESTADO DO PARANÁ

Atualmente, o Tribunal de Justiça do Estado do Paraná, no campo do direito civil, é composto por 20 Câmaras Cíveis, divididas em matérias especializadas. Dessa forma, a análise se dará pela seleção de julgados de diferentes Câmaras, a fim de demonstrar as diferentes interpretações presente dentro do Tribunal.

Primeiramente, da análise da jurisprudência mais recente do TJPR, podem-se observar precedentes que seguem a interpretação extensiva dada pelo STJ para o inciso X, do artigo 833, do CPC.

Vejam-se alguns exemplos de decisões nesse sentido:

> AGRAVO DE INSTRUMENTO – EXECUÇÃO FISCAL – EXCEÇÃO DE PRÉ-EXECUTIVIDADE – MATÉRIAS RELATIVAS À FALTA DE CITAÇÃO E AUSÊNCIA DE FATO GERADOR NÃO ANALISADAS PELA DECISÃO AGRAVADA – SUPRESSÃO DE INSTÂNCIA – NÃO CONHECIMENTO - PENHORA ON LINE VIA BACENJUD – BLO- QUEIO DE VALORES EM CONTA BANCÁRIA - IMPOSSIBILIDADE DE ATÉ 40 (QUARENTA) SALÁRIOS-MÍNIMOS – INTELIGÊNCIA DO ARTIGO 833, INCISO X, DO CÓDIGO DE PROCESSO CIVIL – IMPENHORABILIDADE QUE ALCANÇA NÃO SOMENTE A APLICAÇÃO EM CADERNETA DE POUPANÇA, MAS, TAMBÉM, EM CONTA CORRENTE OU FUNDO DE INVESTIMENTOS - PRECEDENTES DO EGRÉGIO SUPERIOR TRIBUNAL DE JUSTIÇA E DESTA 1ª CÂMARA CÍVEL – RECURSO CONHECIDO EM PARTE E NA PARTE CONHECIDA, PROVIDO.

(TJPR - 1ª Câmara Cível - 0077049-33.2022.8.16.0000 - Curitiba - Rel.: DESEMBARGADOR GUILHERME LUIZ GOMES - J. 27.03.2023).

Agravo de Instrumento. Execução de título extrajudicial. Alugueres. Decisão agravada que rejeitou arguição de impenhorabilidade de ativos financeiros bloqueados em conta bancária. Insurgência do executado. Impenhorabilidade reconhecida. Art. 833, IV e X, do Código de Processo Civil. Situação que não se amolda as exceções legais do art. 833, IV, § 2º do CPC. Quantia oriunda de salário e inferior a 40 salários-mínimos. Elementos suficientes para demonstrar que os valores são necessários à manutenção da subsistência do devedor. Remuneração inferior à apontada pelo Dieese para o mínimo existencial do brasileiro. Princípio da dignidade da pessoa humana. Decisão reformada.1. "(...) 3. A Corte Especial do Superior Tribunal de Justiça, no julgamento do EREsp 1.582.475/MG, Rel. Ministro Benedito Gonçalves, firmou compreensão no sentido de que 'A regra geral da impenhorabilidade de salários, vencimentos, proventos etc. (art. 649, IV, do CPC/73; art. 833, IV, do CPC/2015), pode ser excepcionada quando for preservado percentual de tais verbas capaz de dar guarida à dignidade do devedor e de sua família'. [...]". (AgInt nos EDcl no AREsp 1389818/MS, Rel. Ministro SÉRGIO KUKINA, PRIMEIRA TURMA, julgado em 04/06/2019, DJe 07/06/2019).

2. "É pacífico o entendimento no Superior Tribunal de Justiça no sentido de que a impenhorabilidade da quantia de até quarenta salários mínimos poupada alcança não somente a aplicação em caderneta de poupança, mas, também, a mantida em fundo de investimento, em conta corrente ou guardada em papel-moeda, ressalvado eventual abuso, má-fé ou fraude (STJ, AgInt no REsp n. 2.034.510/RS, relatora Ministra Regina Helena Costa, Primeira Turma, julgado em 28/11/2022, DJe de 30/11/2022).

3. Agravo de instrumento. Ação de nulidade de débitos e reparatória de danos. Contrato de locação residencial. Fase de cumprimento de sentença. Decisão agravada que determinou a penhora de 20% sobre o salário da executada. Insurgência da executada. Acolhimento. Incidência do artigo 833, IV do CPC. Impenhorabilidade do salário. Garantia de subsistência da devedora. Impossibilidade de mitigar a regra

no caso concreto, devido ao valor do salário da devedora que se mostra modesto, pouco mais de um salário mínimo. Penhora de qualquer percentual que geraria prejuízo ao sustento e dignidade da devedora. Precedentes. Penhora afastada. Decisão reformada. Recurso provido. (TJPR - 17ª Câmara Cível - 0064513-87.2022.8.16.0000 - Curitiba - Rel.: DESEMBARGADOR TITO CAMPOS DE PAULA - J. 17.12.2022).4.Recurso provido.

(TJPR - 17ª Câmara Cível - 0065475-13.2022.8.16.0000 - Curitiba - Rel.: DESEMBARGADOR LUCIANO CARRASCO FALAVINHA SOUZA - J. 20.03.2023).

EXECUÇÃO DE TÍTULO EXTRAJUDICIAL. CONTRATOS DE FORNECIMENTO DE PRODUTOS AGRÍCOLAS. AGRAVO DE INSTRUMENTO. DECISÃO AGRAVADA QUE REJEITOU NULIDADE DA CITAÇÃO POR EDITAL DO EXECUTADO CAIO ROBERTO E IMPENHORABILIDADE DE PENHORA SOBRE VALORES DE TITULARIDADE DO EXECUTADO PAULO EDUARDO. 1. ALEGADA NULIDADE DA CITAÇÃO POR EDITAL DO EXECUTADO CAIO ROBERTO SUPRIDA COM O COMPARECIMENTO ESPONTÂNEO DO DEVEDOR (CPC, ART. 239, § 1º), REALIZADO DENTRO DO PRAZO PRESCRICIONAL QUINQUENAL APLICÁVEL (STF, SÚMULA 150; CC, ARTIGO 206, § 5º, INCISO I) E DE FORMA SUFICIENTE À INTERRUPÇÃO DO CÔMPUTO DO PRAZO PRESCRICIONAL COM RETROAÇÃO À DATA DA PROPOSITURA DA EXECUÇÃO (CPC, ARTS. 240, § 1º, E 802). INEXISTÊNCIA DE PREJUÍZO AO EXECUTADO CAIO ROBERTO, QUE CORROBORA A POSSIBILIDADE DE APROVEITAMENTO DOS ATOS PROCESSUAIS PRATICADOS (CPC, ART. 283). PRECEDENTES DO STJ E DESTE TRIBUNAL. DECISÃO MANTIDA POR OUTROS FUNDAMENTOS NESSE ASPECTO.2. PENHORA MEDIANTE SISTEMA SISBAJUD SOBRE CONTAS BANCÁRIAS DO EXECUTADO PAULO EDUARDO. IMPENHORABILIDADE DOS VALORES ATÉ O LIMITE DE 40 (QUARENTA) SALÁRIOS MÍNIMOS DEPOSITADOS EM CADERNETA DE POUPANÇA, CONTA CORRENTE OU FUNDO DE INVESTIMENTO OU MANTIDOS EM PAPEL-MOEDA. INTERPRETAÇÃO EXTENSIVA DO ART. 833, INCISO X, DO CPC. ENTENDIMENTO CONSOLIDADO NO SUPERIOR TRIBUNAL DE JUSTIÇA. GARANTIA AO

> MÍNIMO EXISTENCIAL DO DEVEDOR. PRINCÍPIO DA DIGNIDADE DA PESSOA HUMANA. VERBA PENHORADA QUE SE ENCONTRA DENTRO DO LIMITE DE 40 (QUARENTA) SALÁRIOS MÍNIMOS ACOBERTADOS PELA PROTEÇÃO DA IMPENHORABILIDADE. DECISÃO REFORMADA NESSE ASPECTO. RECURSO PARCIALMENTE PROVIDO.
>
> (TJPR - 16ª Câmara Cível - 0002668-20.2023.8.16.0000 - Londrina - Rel.: DESEMBARGADOR LAURO LAERTES DE OLIVEIRA - J. 19.04.2023).

O acórdão proferido no agravo de instrumento nº 0065475-13.2022.8.16.0000, da relatoria do Desembargador Luciano Carrasco Falavinha Souza, integrante da 17ª Câmara Cível, acerca da impenhorabilidade prevista no artigo 833, incisos IV e X, do CPC, expõe que as autorizações para a relativização das impenhorabilidades impostas pela legislação são no caso de execução de créditos alimentares ou quando o devedor possui valores superiores a 50 salários-mínimos, pois "as impenhorabilidades são erigidas como uma densificação infraconstitucional da dignidade da pessoa humana" (MARINONI, 2018)".

Ademais, o acórdão conclui no caso concreto que "havendo elementos suficientes da precariedade financeira do executado, entendo que a manutenção da constrição ocasionará prejuízo ao sustento do devedor e de sua família, o que justifica o levantamento da constrição", seguindo o que defende o STJ.

De análise do agravo de instrumento nº 0002668-20.2023.8.16.0000, da relatoria do Desembargador Lauro Laertes de Oliveira, integrante da 16ª Câmara Cível, verifica-se que a decisão segue o posicionamento do STJ no sentido de proteção do mínimo existencial do devedor, a fim de garantir a dignidade da pessoa humana.

Diante disso, expõe que "a terminologia 'poupança' empregada pelo legislador cuida, em verdade, da reserva monetária feita pela pessoa, independente da origem desse capital ou da qualidade que o depósito assuma (conta poupança, conta corrente, aplicação financeira, etc.)".

Além disso, o aresto também traz o questionamento da justiça dessa interpretação, no sentido de possivelmente favorecer o devedor inadimplente frente à efetividade da execução, todavia, conclui que "se trata de uma opção legislativa a fim de garantir a dignidade da pessoa humana, não cabe ao Judiciário conferir interpretação restritiva à essa norma, de modo a tirar-lhe a finalidade", defendendo desse modo a interpretação extensiva da norma.

Outras decisões, proferidas por diferentes Câmaras, também seguem esse entendimento, entre elas: agravo de instrumento nº 0050988-38.2022.8.16.0000, de relatoria do Desembargador Octavio Campos Fischer, da 3ª Câmara Cível; agravo de instrumento nº 0063164-49.2022.8.16.0000, de relatoria do Desembargador Luiz Taro Oyama, da 4ª Câmara Cível; e agravo de instrumento nº 0054471-76.2022.8.16.0000, de relatoria do Desembargador Guilherme Freire de Barros Teixeira, da 10ª Câmara Cível.

Analisando tais decisões, observa-se que são posicionamentos que reconhecem o entendimento firmado pelo Superior Tribunal de Justiça e o utiliza como justificativa para a determinação da impenhorabilidade dos valores até 40 salários-mínimos depositados em caderneta de poupança ou em outros meios.

Por outro lado, há Câmaras que reconhecem o entendimento do STJ, mas para que seja reconhecida a impenhorabilidade, exigem outros requisitos que não são exigidos pela Corte Superior, principalmente o caráter de reserva dos valores:

> AGRAVO DE INSTRUMENTO. PRESTAÇÃO DE CONTAS EM FASE DE CUMPRIMENTO DE SENTENÇA. DECISÃO EM EXAME, QUE ACOLHERA TESE DE IMPENHORABILIDADE DE VALORES EM CONTA CORRENTE, PORQUE ABAIXO DE 40 (QUARENTA) SALÁRIOS-MÍNIMOS. AUSÊNCIA DE PROVA SOBRE AS QUAN- TIAS CONSTRITAS SEREM RESERVA FINANCEIRA OU TRATAR-SE DE CONTA POUPANÇA. DECISÃO REFORMADA. RECURSO CONHECIDO E PROVIDO.
>
> (TJPR - 13ª Câmara Cível - 0070486-23.2022.8.16.0000 - Londrina - Rel.: DESEMBARGADOR JOSÉ CAMACHO SANTOS - J. 03.03.2023).
>
> AGRAVO DE INSTRUMENTO. EXECUÇÃO DE TÍTULO EXTRAJUDICIAL. DECISÃO QUE INDEFERIU O PEDIDO DE IMPENHORABILIDADE DE VALORES INFERIORES A 40 SALÁRIOS-MÍNIMOS EM INVESTIMENTO FINANCEIRO. ENTENDIMENTO DO SUPERIOR TRIBUNAL DE JUSTIÇA (STJ) QUE ESTENDE A IMPENHORABI- LIDADE DO ART. 833, X, DO CPC, A QUANTIAS POUPADAS INFERIORES A 40 SALÁRIOS MÍNIMOS. JURISPRUDÊN-

CIA DESTA CÂMARA CÍVEL QUE EXIGE COMPROVAÇÃO DE QUE OS VALORES TENHAM NATUREZA DE RESERVA FINANCEIRA. ÔNUS DA PROVA QUE CABE AO DEVEDOR. PROVAS NO CASO CONCRETO DA NATUREZA DOS VALORES. IMPENHORABILIDADE RECONHECIDA. VALORES COM NATUREZA DE RESERVA FINANCEIRA. RECURSO CONHECIDO E PROVIDO.

"Vale dizer, é por isso que, em casos como este, se exige prova inequívoca de que o valor alcançado se trata de reserva, ou, então, corolário de verbas salariais, cabendo esse ônus probatório (diversamente do que se passa quando a conta é de poupança) à parte devedora (sobre ser reserva), pelo que a falta ou a insuficiência no cumprimento desse ônus há de se resolver em desfavor desta" (TJPR - 13ª Câmara Cível - 0070486-23.2022.8.16.0000 - Londrina - Rel.: Desembargador José Camacho Santos -J. 03.03.2023).

(TJPR - 13ª Câmara Cível - 0002505-40.2023.8.16.0000 - Foz do Iguaçu - Rel.: DESEMBARGADOR FABIO ANDRE SANTOS MUNIZ - J. 31.03.2023).

AGRAVO DE INSTRUMENTO. EXECUÇÃO DE TÍTULO EXTRAJUDICIAL. CONSTRIÇÃO DE VALORES VIA SISBAJUD. DECISÃO QUE REJEITOU A IMPUGNAÇÃO À PENHORA APRESENTADA. INSURGÊNCIA DA DEVEDORA PESSOA FÍSICA. NÃO ACOLHIMENTO. AUSÊNCIA DE NATUREZA SALARIAL (ART. 833, IV, DO CPC). ARGUIÇÃO DE IMPENHORABILIDADE DAS VERBAS ATÉ 40 SALÁRIOS-MÍNIMOS (ART. 833, X, DO CPC). PROTEÇÃO QUE, EMBORA POSSA SER APLICADA A CONTAS BANCÁRIAS DE QUALQUER NATUREZA, NÃO OSTENTA CARÁTER ABSOLUTO. POSSIBILIDADE DE RELATIVIZAÇÃO EM CASOS E ABUSO, MÁ-FÉ, FRAUDE OU DE AUSÊNCIA DE RISCO À GARANTIA DO PATRIMÔNIO MÍNIMO DO DEVEDOR. PRECEDENTES DO E. STJ. ALEGAÇÃO APRESENTADA DE MANEIRA GENÉRICA E SEM DEMONSTRAÇÃO DE QUE A MANUTENÇÃO DO BLOQUEIO PODE COMPROMETER A SUBSISTÊNCIA DA EXECUTADA. DECISÃO MANTIDA. Recurso conhecido e desprovido.

(TJPR - 14ª Câmara Cível - 0064544-10.2022.8.16.0000 - Cascavel - Rel.: DESEMBARGADORA THEMIS DE ALMEIDA FURQUIM - J. 17.04.2023).

No acórdão do Agravo de Instrumento de nº 0070486-23.2022.8.16.0000, o relator Desembargador José Camacho dos Santos, integrante da 13ª Câmara Cível, esclarece que:

> [...] estando os valores (até o limite legal) em conta poupança, presume-se (em prol da parte devedora, titular daqueles numerários), que se trata de reserva impenhorável, de modo que, caso a parte credora conteste esta natureza, com argumentos como de que, nada obstante o tipo de conta, houve uso irregular da conta, tem o ônus de provar o alegado. Em contrapartida, se os valores (até esse teto) estiverem em outras contas (corrente, aplicações diversas), sem aquela presunção (alusiva àquele tipo de conta), mas, a parte devedora assevera que, contudo, pelas movimentações ou pela ausência desta, comprovada está a característica de reserva, daquele montante, aspectos controvertidos pela parte credora, caberá àquela (devedora) o ônus de provar o alegado.

Dessa forma, retira-se do entendimento do referido acórdão que os valores constantes em caderneta de poupança são presumidamente impenhoráveis, devendo a parte credora comprovar o desvio de finalidade de tal reserva. Todavia, estando os valores em contas distintas da poupança, é ônus do devedor comprovar sua finalidade de reserva.

Ademais, pontua que a prova de que o valor alcançado se trata de reserva ou verbas salariais deve ser inequívoca, e que a falta ou a insuficiência no cumprimento desse ônus acarreta na solução em desfavor da parte devedora.

O aresto também expõe que não se pretendeu tornar impenhorável a quantia de 40 salários-mínimos apenas quando depositadas em conta poupança, "bastando que seja reserva para necessidades emergenciais, que tal montante ordinariamente pode custear".

No mesmo sentido é o entendimento esposado pelo agravo de instrumento nº 0002505-40.2023.8.16.0000, figurando como relator o Desembargador Fábio André Santos Muniz, também integrante da 13ª Câmara Cível, que expõe que "o simples fato de a quantia ser inferior a quarenta salários-mínimos não é suficiente para configurar a impenhorabilidade, cabendo a aquele que alega o ônus da prova de que tal quantia possui natureza de reserva financeira".

Dessa forma, também conclui que para que seja reconhecida a impenhorabilidade dos valores abaixo de 40 salários-mínimos depositados em contas distintas da poupança, deve haver prova por parte do devedor da natureza de reserva financeira, bem como deve haver a prova de que a quantia é proveniente de verba salarial quando essa for a alegação trazida pela parte requerida.

Do mesmo modo, no agravo de instrumento nº 0064544-10.2022.8.16.0000, de relatoria da Desembargadora Themis de Almeida Furquim, a 14ª Câmara Cível entende que deve "ser perquirido se o valor constrito serve ao propósito legal, ou seja, à salvaguarda do mínimo existencial de seu titular". Com isso, no caso dos autos, o acórdão conclui pela penhora dos valores constritos, uma vez que não houve provas suficientes no sentido de que a penhora prejudicaria a subsistência digna da devedora e de sua família.

Diante da análise de alguns julgados do TJPR, pode-se observar que os que seguem o entendimento do STJ, defendem que a quantia de 40 salários-mínimos depositada em qualquer tipo de conta presume-se essencial para subsistência e dignidade do devedor e de sua família, devendo ser preservado seu mínimo existencial. Portanto, entendem que a impenhorabilidade deve ser afastada apenas por prova do abuso, má-fé ou fraude por parte do devedor, a qual deve ser feita pelo credor.

Por outro lado, os demais entendimentos não descartam a necessidade de preservar o mínimo existencial para a dignidade do devedor, porém trazem também o caráter de reserva financeira da conta poupança, uma vez que foi essa modalidade escolhida pelo legislador para que recaísse a impenhorabilidade. Dessa forma, partem do pressuposto de que o valor inferior a 40 salários-mínimos depositado em conta distinta da poupança só deve ser impenhorável se comprovada a natureza de reserva financeira do montante, sendo esse ônus incumbido ao devedor.

TRIBUNAL REGIONAL FEDERAL DA 4ª REGIÃO

O estado do Paraná, no âmbito da Justiça Federal, faz parte do Tribunal Regional Federal da 4ª Região, juntamente com os estados de Santa Catarina e Rio Grande do Sul.

Diferentemente do que acontece na esfera da Justiça Estadual, no que tange à impenhorabilidade dos valores até 40 salários-mínimos depositados em conta poupança, o TRF4 possui uma Súmula acerca da matéria:

> Súmula 108: É impenhorável a quantia depositada até quarenta salários mínimos em caderneta de poupança (CPC/2015,

> art. 833, X), bem como a mantida em papel moeda, conta corrente ou aplicada em CDB, RDB ou em fundo de investimentos, desde que seja a única reserva monetária, e ressalvado eventual abuso, má-fé, ou fraude.

Dessa forma, observa-se uma unificação dos julgados no TRF4, em que aplicam a própria Súmula do Tribunal Regional, que entende pela interpretação extensiva do artigo 833, inciso X, do CPC, devendo se estender a impenhorabilidade a outros tipos de contas diferentes da poupança, desde que seja a única reserva monetária do devedor, podendo ser afastada a proteção em casos de abuso, má-fé ou fraude.

Veja-se decisão que se refere à Súmula 108 editada pelo TRF4:

> ADMINISTRATIVO. AGRAVO DE INSTRUMENTO. CUMPRIMENTO DE SENTENÇA. PENHORA DE ATIVOS FINANCEIROS. SISBAJUD. VALOR INFERIOR A 40 (QUARENTA) SALÁRIOS MÍNIMOS. PESSOA FÍSICA. AFERIÇÃO DE OFÍCIO. RECURSO DESPROVIDO. 1. A Súmula 108 deste Regional indica ser impenhorável a quantia depositada até quarenta salários mínimos em caderneta de poupança (artigo 833, inciso X, do Código de Processo Civil), bem como a mantida em papel moeda, conta corrente ou aplicada em CDB, RDB ou em fundo de investimentos, desde que seja a única reserva monetária, e ressalvado eventual abuso, má-fé, ou fraude. 2. Não se faz necessária a investigação ou a comprovação da origem dos valores mantidos, desde que, somados, não ultrapassem o limite contido no dispositivo legal. 3. Ademais, trata-se de hipótese objetiva de impenhorabilidade, cuja constatação depende exclusivamente verificação do montante total mantido em depósito. O juiz, ao constatar que a penhora recaiu sobre valores localizados nas contas bancárias do executado pessoa física e que são inferiores a 40 salários-mínimos, pode determinar a liberação dos recursos, ou conformar a ordem para que incida apenas sobre os valores que superem esse montante. 4. Nos termos da jurisprudência firmada no âmbito do Superior Tribunal de Justiça, a impenhorabilidade constitui matéria de ordem pública, cognoscível de ofício pelo juiz, não havendo falar em nulidade da decisão que, de plano, determina o desbloqueio da quantia ilegalmente penhorada, aplicando-se a norma prevista no artigo 854, § 3º, do Codex Processual somente para a hipótese em que necessária a produção de prova adicional. 5. Agravo de instrumento desprovido.

(TRF4, AG 5029840-49.2022.4.04.0000, QUARTA TURMA, Relator VICTOR LUIZ DOS SANTOS LAUS, juntado aos autos em 18/04/2023).

Diante disso, conclui-se que o entendimento predominante do TRF4 reconhece o precedente trazido pelo STJ e é aplicado em suas decisões, observando-se a uniformização da jurisprudência no âmbito da Justiça Federal do estado do Paraná, acompanhada pelos estados de Santa Catarina e Rio Grande do Sul.

CONCLUSÃO

O presente capítulo objetivou analisar o entendimento do Superior Tribunal de Justiça acerca do artigo 833, inciso X, do Código de Processo Civil, o qual é no sentido da interpretação extensiva do referido inciso, estendendo a impenhorabilidade para valores de até 40 salários-mínimos guardados também em contas distintas da caderneta de poupança.

Dessa forma, analisou-se a decisão que deu início ao entendimento, o Recurso Especial nº 1.230.060/PR, de relatoria da Ministra Maria Isabel Gallotti, destrinchando seus fundamentos, sua natureza e extensão.

Ademais, estendeu-se para análise do entendimento dos tribunais no âmbito do estado do Paraná, tanto na esfera estadual, como na federal. Tudo isso para concluir se a interpretação extensiva seria uma segurança para o executado ou um empecilho para a execução.

Diante de toda a análise, extrai-se do entendimento do STJ e das Câmaras Cíveis do Tribunal de Justiça do Paraná e do Tribunal Regional da 4ª Região, que entendem pela interpretação extensiva do inciso X, que tal extensão busca preservar o mínimo existencial do executado e de sua família, a fim de garantir a dignidade da pessoa humana e atingir a finalidade buscada pelo legislador ao redigir a referida norma.

Por outro lado, as decisões que reconhecem a interpretação extensiva, mas estabelecem critérios para conferir a impenhorabilidade para os valores em contas distintas da poupança, não deixam de lado a garantia da dignidade da pessoa humana, todavia, levam em consideração a natureza conferida à poupança.

A redação do artigo 833, inciso X, do CPC, estabelece ser impenhorável "a quantia depositada em caderneta de poupança, até o limite de 40 (quarenta) salários- mínimos", dispositivo este que merece ser destrinchado para melhor conclusão de sua finalidade.

Como já mencionado anteriormente, as impenhorabilidades são estabelecidas pelo legislador para conferir uma maior proteção ao executado, visto que, mesmo sendo objetivo da execução a satisfação do crédito em favor do credor, um dos princípios que norteiam essa modalidade é o princípio do menor sacrifício do executado, devendo haver a conclusão da execução sempre garantindo a dignidade da pessoa humana conferida ao requerido pela Constituição Federal.

O termo caderneta de poupança remete a um tipo de conta, que é uma aplicação em renda fixa, em que é possível guardar dinheiro e receber juros em cima do montante aplicado, tendo uma natureza de reserva financeira, no sentido de literalmente poupar o dinheiro.

Dessa forma, de interpretação da norma, retira-se que o legislador protege a quantia poupada pelo executado a título de reserva financeira, desde que não ultrapasse a quantia de 40 salários mínimos.

Na interpretação extensiva feita pelo STJ, a impenhorabilidade atinge valores inferiores a 40 salários-mínimos também constantes em conta corrente, fundo de investimento e guardados em papel-moeda.

A conta corrente é outro tipo de conta bancária, que diferentemente da poupança, permite movimentações como pagamentos, saques e depósitos, utilizada mais no dia a dia, não tendo a natureza de reserva.

Já o fundo de investimentos, um pouco mais semelhante, é uma modalidade de investimento, que objetiva aplicar o capital em ativos (títulos públicos, moedas, juros e ações), permitindo a reserva financeira, mas dependendo da modalidade pode haver uma grande volatividade.

Por fim, os valores guardados em papel-moeda podem tanto ter uma natureza de reserva financeira como permitem movimentações diárias.

Com isso, percebe-se que a interpretação extensiva acaba protegendo o devedor, seguindo a ideia da impenhorabilidade, mas por outro lado afasta-se do caráter de poupar trazido pelo termo caderneta de poupança, ou seja, no balanceamento dos princípios da execução, acaba se sobrepondo o princípio do menor sacrifício do executado sobre o princípio da satisfação da execução, o qual muitas vezes no cenário prático acaba desaparecendo.

Quando se fala em conflito entre princípios, Gilmar Ferreira Mendes e Paulo Gonet Branco (2021, p. 33) ensinam que "há que se apurar o peso (nisso consistindo a ponderação) que apresentam nesse mesmo caso, tendo presente que, se apreciados em abstrato, nenhum desses princípios em choque ostenta primazia definitiva sobre o outro" e que pode ocorrer de que "em caso diverso, com outras características, o princípio antes preterido venha a prevalecer".

Portanto, é necessário que seja analisado caso a caso para a extensão da impenhorabilidade, visando assegurar os direitos do executado, mas também garantir que haja a satisfação da execução, fazendo-se necessário manter o sentido da norma prevista no CPC, aplicando-se aos casos práticos a natureza de reserva financeira estabelecida pela caderneta de poupança, uma vez que a extensão demasiada sem ser analisado o contexto fático torna-se um empecilho para a execução.

Diante disso, no atual contexto da sociedade, em que se encontram diferentes tipos de contas bancárias, protegendo-se a dignidade da pessoa humana e o princípio do menor sacrifício do executado, bem como garantindo, pelo menos em parte, a finalização da execução e o princípio da satisfação da execução, deve-se estender a interpretação do artigo 833, inciso X, do CPC, a fim de proteger os valores inferiores a 40 salários-mínimos também constantes em conta corrente, fundo de investimento e guardados em papel-moeda, porém devendo haver a comprovação de que tais quantias têm a natureza de reserva financeira.

Por fim, é importante pontuar que, além da extensão da interpretação, para ponderar e abarcar todos os fundamentos basilares da execução, é necessária a pacificação da matéria, a fim de garantir a segurança jurídica nas execuções, assegurando ainda mais a sua eficiência nos ditames do ordenamento jurídico brasileiro.

9

A (IM)PENHORABILIDADE DOS BENS MÓVEIS NECESSÁRIOS OU ÚTEIS AO EXERCÍCIO DA PROFISSÃO DO EXECUTADO

Lennara Morena Gonçalves Silveira

INTRODUÇÃO

O artigo 833 do Código de Processo Civil estabelece o rol de bens considerados impenhoráveis no ordenamento jurídico brasileiro, ou seja, aqueles que não podem ser retirados do patrimônio do devedor com o intuito de sanar a dívida.

O inciso V desse artigo prevê que os livros, as máquinas, as ferramentas, os utensílios, os instrumentos ou outros bens móveis necessários ou úteis ao exercício da profissão do executado são impenhoráveis. Dessa forma, busca-se proteger o devedor para que a penhora não atrapalhe o exercício da atividade que lhe gera renda.

Além disso, o §3° inclui nesse inciso os equipamentos, os implementos e as máquinas agrícolas pertencentes à pessoa física ou à empresa individual produtora rural, com exceção de quando tais bens tenham sido objeto de financiamento e estejam vinculados em garantia à negócio jurídico ou quando respondam por dívida de natureza alimentar, trabalhista ou previdenciária.

O regime de impenhorabilidades do Código de Processo Civil de 2015 é, em grande parte, similar ao que era previsto no Código de 1973. A finalidade de estabelecer bens que não se sujeitam à constrição judicial continua sendo a de assegurar a dignidade da pessoa humana, ou seja, proteger os bens destinados à habitação, ao sustento pessoal e ao trabalho. Isso impede a busca desenfreada para satisfazer o crédito, demonstrando que o legislador se preocupou em priorizar a dignidade humana ao invés da satisfação da dívida do exequente.

A proteção desses bens destinados ao exercício da profissão é necessária para que se alcance a dignidade humana, pois penhorá-los seria a mesma coisa que privar o devedor de obter o necessário para a sua própria manutenção, visto que prejudicaria a receita mínima para sobrevivência. A própria Constituição Federal assegura o trabalho como direito social, o que foi respeitado pelo legislador. Além de assegurar uma vida digna, também é uma forma lógica de proteger o pagamento da dívida. Isso porque impedir ou prejudicar o executado de realizar as atividades de seu trabalho pode ser uma forma de afetar sua renda, dificultando ainda mais a quitação do débito.

A partir do momento em que a lei prevê essa proteção, suscitam-se várias questões relevantes acerca de quais são os requisitos necessários para que o devedor possa usufruir dessa impenhorabilidade. É preciso estabelecer os bens que são considerados úteis e necessários para o exercício da profissão, por exemplo, e para quais tipos de executado este dispositivo se aplica, a fim de evitar um benefício injusto para pessoas jurídicas inadimplentes, por exemplo.

Nesse contexto, surge a discussão acerca da possibilidade de englobar não só as pessoas físicas, mas também pessoas jurídicas como os microempresários individuais, microempresas e empresas de pequeno porte e identificar quais bens são abarcados para esse tipo de executado.

O presente capítulo tem como objetivo, portanto, fazer uma análise da aplicação do artigo 833, V, do Código de Processo Civil, estudando doutrina, legislação e, principalmente, entendimentos consolidados na jurisprudência. Será realizada uma pesquisa comparativa de decisões, buscando explicitar e reunir quais os critérios estabelecidos pelo tribunal acerca do tema.

CONCEITO DE BENS MÓVEIS NECESSÁRIOS OU ÚTEIS AO EXERCÍCIO DA PROFISSÃO

Determinar quais bens são considerados como necessários ou úteis é essencial para a correta interpretação desse direito, a fim de evitar inconstâncias e divergências no momento de aplicação da norma. Dessa forma, é preciso definir os parâmetros utilizados e o conceito do que é útil ou necessário para certo profissional.

Primeiramente, vale ressaltar que é essencial que haja uma conexão entre o bem e o exercício da profissão, ou seja, deve-se comprovar que a sua utilização tem como finalidade efetuar tarefas compreendidas no trabalho. Como aparelhos de televisão em um escritório de advocacia, em que o objetivo é o lazer do profissional ou de seus clientes, não são impenhoráveis, já que não afetam o exercício da atividade (NEVES, 2021).

Além disso, entende-se que os instrumentos devem ser utilizados na rotina do profissional, e não apenas de forma esporádica, para que demonstrem ser, de fato, necessários ou úteis àquela atividade. Do contrário, se a sua função for apenas ocasional, fica evidente a possibilidade de exercer a atividade profissional mesmo com sua ausência.

Fica a encargo do magistrado, então, analisar a situação casuisticamente, utilizando-se dos princípios da razoabilidade e proporcionalidade, para identificar os critérios específicos para cada caso, pois a necessidade e utilidade variam de uma atividade para outra. Como exemplo, um automóvel pode ser necessário ao devedor que exerce a profissão de motorista, enquanto que para outro é um simples meio de locomoção perfeitamente substituível. Deve-se analisar de forma criteriosa para que não torne a tutela executiva inviável (RODRIGUES, 2021, p. 447).

Para determinar quais instrumentos de trabalho são considerados úteis ou necessários, Araken de Assis fixou quatro critérios objetivos para fazer essa verificação: uso total, ou seja, bem que seja utilizado na rotina do labor, e não apenas de forma esporádica; constituir uma quantidade razoável para o exercício daquela profissão, tornando os excessos e estoques penhoráveis; ter utilidade ou necessidade àquele trabalho desenvolvido; e deve ser um trabalho pessoal (ASSIS, 2016, p. 77).

Primeiramente, então, a ideia é que o bem deve ser utilizado no dia a dia do profissional, pois se a sua necessidade ou utilidade for apenas de forma rara, fica evidente ser supérfluo ao exercício daquela atividade.

Já a quantidade razoável diz respeito ao fato de que esse dispositivo não foi criado para proteger excessos, mas sim garantir o mínimo necessário para que possa continuar com o trabalho. Por isso, se o executado possui diversos bens do mesmo gênero, em quantidade que não se justifica, é inviável que a impenhorabilidade abranja todos eles. Exemplo disso seria se um taxista tivesse diversos carros, a fim de formar uma frota e alugá-los, é evidente que o único que deve ser impenhorável será o carro objeto de trabalho direto do executado (NEVES, 2021, p. 1144).

É imprescindível, também, que haja conexão direta entre os bens e a profissão exercida pelo devedor. Desse modo, precisa restar comprovado que a utilização do item tem como finalidade realizar as tarefas compreendidas no trabalho do executado, ou seja, sua ausência afetaria o exercício profissional.

Por último, é necessário que o trabalho em questão seja o principal meio de sustento do devedor. Caso ele já exerça outra atividade que lhe gere uma renda principal suficiente para manter um bom padrão de vida, e está apenas buscando uma renda extra, esses bens não devem ser alcançados pela impenhorabilidade.

Além disso, também é importante que essa regra se aplique apenas aos bens adquiridos antes da dívida. Do contrário, criaria uma proteção excessiva aos devedores, que ao tomarem conhecimento da dívida poderiam adquirir mais itens apenas como forma de mantê-los impenhoráveis.

CRITÉRIOS PARA A ABRANGÊNCIA DA IMPENHORABILIDADE

A princípio, o artigo 833, V, do CPC, não tutela as pessoas jurídicas, limitando-se às pessoas físicas, pois somente elas exercem profissão, enquanto que as jurídicas exercem atividade empresarial. Desse modo, uma grande indústria, por exemplo, não pode alegar que seu maquinário é impenhorável por ser instrumento necessário ao trabalho (HERTEL, 2008, p. 244).

Além disso, a regra geral da legislação que disciplina o processo civil é a da penhorabilidade dos bens, cabendo ao executado comprovar que sua situação se encaixa em uma das hipóteses de impenhorabilidade previstas em lei, as quais são a exceção.

O entendimento de que essa regra abarcava apenas as pessoas físicas era consolidado na jurisprudência do Supremo Tribunal Federal e foi acolhido pelo Superior Tribunal de Justiça em um primeiro momento, como se vê do acórdão proferido pela 4ª Turma no Recurso Especial n° 1.224.774/MG, rel. Ministra Maria Isabel Gallotti, julgado em 10/11/2016. No entanto, passou a ser mitigado gradativamente em benefício dos empresários individuais, pequenas ou microempresas em que trabalhassem pessoalmente os seus sócios[6].

Nesse sentido, a jurisprudência tem entendido pela aplicação dessa impenhorabilidade também às microempresas e empresas de pequeno porte, principalmente quando possui caráter familiar. Isso se deve ao fato de que é possível partir da premissa de que realizam atividade que se assemelha ao exercício de profissão (HERTEL, 2008, p. 245).

Tal entendimento restou consolidado no julgamento do REsp 1.114.767, representativo da controvérsia, em que a Corte Especial do Superior Tribunal de Justiça considerou a impenhorabilidade do artigo 649, inciso V, do CPC/73, correspondente ao artigo 833, inciso V, do CPC/2015, aplicável às pequenas empresas, empresas de pequeno porte ou firma individual em relação aos bens necessários ao desenvolvimento da atividade objeto do contrato (REsp n. 1.114.767/RS, relator Ministro Luiz Fux, Corte Especial, julgado em 2/12/2009, DJe de 4/2/2010).

A jurisprudência firmou entendimento de que as microempresas e empresas de pequeno porte equiparam-se à pessoa física no âmbito da impenhorabilidade, por serem uma forma de atuação no mercado em que predomina a presença e participação pessoal do sócio no trabalho. Por esse motivo, seria descabível aplicar os conceitos próprios de pessoas jurídicas para aqueles que utilizam a microempresa, por exemplo, para o exercício de sua atividade.

Essa evolução jurisprudencial foi descrita e explicada por Theodoro Júnior (2014, p. 293):

> O antigo inciso VI do art. 649 reconhecia a impenhorabilidade de livros, máquinas, utensílios e instrumentos necessários ou úteis ao exercício de qualquer profissão. Dúvidas eram suscitadas a respeito da abrangência do privilégio, principalmente em torno das pessoas jurídicas e dos bens imóveis. O STF, em jurisprudência mais antiga, entendia que a impenhorabilidade dos instrumentos de trabalho operava em favor apenas das pessoas físicas, no que chegou a ser seguido pelo STJ.
>
> Posteriormente, o entendimento relativizou-se para que a regra da isenção de penhora do art. 649, contemplado em seu primitivo inciso VI, pudesse amparar também as pequenas empresas, em que os sócios pessoalmente desempenhassem os misteres para os quais a sociedade de organizara, como v.g., oficinas de consertos ou de serviços de limpeza, de pintura, de confecções etc. Quanto aos bens imóveis, a exegese era restritiva, de modo que mesmo entre as pessoas físicas, como os profissionais liberais, não se estendia a impenhorabilidade à casa ou sala onde se instalava o respectivo escritório. Prevalecia, portanto, na visão pretoriana, o entendimento de que os instrumentos de trabalho se confundiam com as ferramentas manejáveis pelo profissional. Apenas coisas móveis poderiam enquadrar-se nesse conceito restritivo. A reforma da Lei nº 11.382/2006 reforça tal posicionamento. Ao transplantar essa impenhorabilidade para o novo inciso V do art. 649, o legislador teve o cuidado de explicitar que, a par das ferramentas e utensílios propriamente ditos, a isenção de penhora Documento: 1554464 - Inteiro Teor do

> Acórdão - Site certificado - DJe: 17/11/2016 Página 4 de 4 Superior Tribunal de Justiça compreende "outros bens móveis necessários ou úteis ao exercício de qualquer profissão". Restou, pois, bem explicitada, a mens legis de privilegiar o profissional com preservação apenas do aparelhamento móvel de sua atividade. Os imóveis, ainda que se prestem a sediar o desempenho da profissão, não se inserem no benefício de inexecutibilidade. Embora não tenha sido explícita a reforma operada no atual inc. V do art. 649, a ratio essendi do dispositivo não atrita com a orientação que vinha sendo observada pela jurisprudência do STJ, quando estendia a impenhorabilidade às pessoas jurídicas organizadas em pequenas empresas. Dessa maneira, merece ser preservada a orientação daquele Tribunal, mesmo após reforma da Lei nº 11.382/2006, desde que se trate realmente de empresa cuja atividade seja desempenhada pessoalmente pelos sócios.

Para aplicar esse direito às pessoas jurídicas é necessário que os sócios desempenhem pessoalmente os trabalhos e ocupações para os quais a sociedade se propõe, como oficinas de consertos ou de serviços de limpeza. Assim, é justificável que tenham a mesma proteção jurídica do que as pessoas físicas, já que desempenham as funções e atividades da empresa pessoalmente, assemelhando-se às pessoas físicas.

BENS DA PESSOA JURÍDICA QUE SÃO CONSIDERADOS IMPENHORÁVEIS

Diferentemente das pessoas físicas que possuem tanto os bens necessários quanto os úteis protegidos, a jurisprudência é mais rigorosa quando se trata das pessoas jurídicas. Nas decisões que reconhecem as microempresas e empresas de pequeno porte como tuteladas pelo artigo 833, V, do CPC, enfatiza-se que é essencial que o bem seja imprescindível ao desenvolvimento das atividades da empresa, ou seja, apenas os bens necessários que se revelem indispensáveis à continuidade das atividades de microempresa ou de pequeno porte. Veja-se:

> AGRAVO INTERNO NO AGRAVO EM RECURSO ESPECIAL. EXECUÇÃO. PENHORA. IMÓVEL. HOSPITAL. POSSIBILIDADE.
>
> A jurisprudência desta Corte orienta que os bens das pessoas jurídicas são penhoráveis, tendo o artigo 649, inciso V, do CPC aplicação excepcional somente nos casos em que os

> bens penhorados se revelem indispensáveis à continuidade das atividades de microempresa ou de pequeno porte.
>
> Agravo interno a que se nega provimento.
>
> (AgRg no AREsp n. 601.929/RS, relatora Ministra Maria Isabel Gallotti, Quarta Turma, julgado em 13/3/2018, DJe de 23/3/2018).

Dessa forma, é possível perceber que os devedores que buscam o reconhecimento desta proteção devem comprovar não só que, de fato, configuram microempresas e empresas de pequeno porte e que trabalham pessoalmente, como também que aquele bem é imprescindível na realização da atividade da empresa.

Por mais que as decisões não diferenciem os termos "necessário" e "útil", é possível concluir que não basta comprovar a utilidade daquele bem, mas sim a sua imprescindibilidade para exercer a atividade, ou seja, que é um bem necessário, visto que se tornou uma exigência definida e consolidada pelo STJ.

Para exemplificar, o Superior Tribunal de Justiça, por meio do Recurso Especial n° 667.866/RS, relator Ministro Franciulli Netto, Segunda Turma, julgado em 21/6/2005, DJ de 5/9/2005, reconheceu a impenhorabilidade de dois micro-ônibus penhorados, uma vez que a recorrente era microempresa dedicada ao transporte de passageiros. Desse modo, foi entendido que os bens eram essenciais ao funcionamento da microempresa e, por isso, deveriam ser abarcados pela impenhorabilidade prevista no artigo 833, V, do CPC.

Por fim, é fundamental que essa proteção às pessoas jurídicas restrinja-se aos empresários individuais, às microempresas e empresas de pequeno porte em que os sócios exerçam pessoalmente a profissão e que atinja apenas os bens necessários ao exercício da atividade que consta no contrato social.

Isso se deve ao fato de que o patrimônio da pessoa jurídica é a garantia dos credores que suas dívidas serão pagas. Caso esse dispositivo fosse aplicado amplamente a todas as pessoas jurídicas empresárias, a etapa de execução seria praticamente inviável, uma vez que as empresas ficariam imunes à constrição de seus bens e não seriam coagidas ao pagamento de suas dívidas.

Esse entendimento é ressaltado pelo Código de Processo Civil de 2015, que substituiu a frase "bens móveis necessários ou úteis ao exercício de qualquer profissão" por "bens móveis necessários ou úteis ao exercício da profissão do executado" no inciso V do artigo 833, especificando ainda mais para quem essa proteção é dirigida. Além disso, estendeu essa impenhorabilidade aos equipamentos, implementos e às máquinas agrícolas pertencentes à pessoa física ou à empresa individual produtora rural (artigo 833, §3°, CPC). Tendo em vista que o legislador conferiu esse anteparo especial aos produtores rurais, é possível concluir que o novo Código de Processo Civil pretendeu dar um maior benefício a eles do que às empresas gerais.

Dessa forma, observa-se que tanto na legislação quanto na jurisprudência foi tomado o cuidado de ressaltar que esse benefício deveria ser concedido apenas às pessoas jurídicas menores, e não a grandes empresas.

CONSIDERAÇÕES FINAIS

Em suma, é possível perceber as divergências que houve em relação a quais devedores são considerados para a aplicação da impenhorabilidade do artigo 833, V, do CPC, e quais foram as interpretações e os entendimentos consolidados pela jurisprudência.

Notórios são os motivos pelos quais o Superior Tribunal de Justiça decidiu equiparar os empresários individuais, empresas de pequeno porte e microempresas às pessoas físicas, visando garantir a proteção daqueles que exercem pessoalmente sua atividade através de uma pessoa jurídica.

Portanto, fica evidente a importância de proteger a dignidade humana do devedor através do rol de impenhorabilidades, mas deve-se estabelecer os critérios necessários para a aplicação da norma, a fim de manter o equilíbrio entre a proteção do devedor e a viabilidade da execução.

REFERÊNCIAS

ABELHA, Marcelo. Manual de Execução Civil. Grupo GEN, 2019. E-book. Disponível em: https://integrada.minhabiblioteca.com.br/#/books/9788530987138/. Acesso em: 27 maio 2023.

ALMEIDA, Lacerda de. Sucessões, 1915.

ALONSO, Paulo Gimenes; CARDIN, Valéria da Silva Galdino. Da impenhorabilidade dos animais domésticos no direito positivo brasileiro. R. Opin. Jur., Fortaleza, ano 18, n. 27, p. 135-153, jan./abr. 2020.

ALVIM, Eduardo Arruda; GRANADO, Daniel Willian; FERREIRA, Eduardo Aranha. Direito processual civil. 6. ed. São Paulo: Saraiva Educação, 2019.

ALVIM, Teresa Arruda; MELLO, Rogério Licastro Torres de; RIBEIRO, Leonardo Ferres da Silva; MEDEIROS, Maria Lúcia Lins Conceição de. Primeiros Comentários ao Novo Código de Processo Civil, artigo por artigo. 2. ed. São Paulo: Revista dos Tribunais, 2016.

ARAÚJO, Carolina Machado de. Proteção jurídica da família multiespécie nos litígios que envolvem a dissolução da união conjugal. Trabalho de Conclusão de Curso (Graduação em Direito) – Pontifícia Universidade Católica de Goiás, Goiânia, 2021.

ARAÚJO, Rosana. Quanto custa uma cobra: tudo sobre o exótico pet de estimação. Guia Animal, 27 abr. 2021. Disponível em: https://guiaanimal.net/articles/293. Acesso em: 10 jul. 2023.

ARONNE, Ricardo. Propriedade e domínio: reexame sistemático das noções nucleares de direitos reais. Rio de Janeiro: Renovar, 1999. p. 199-204.

ASSIS, Araken de. Manual da Execução. 16. ed. rev., atual. e ampl. São Paulo: Revista dos Tribunais, 2016. p. 77.

ATAIDE JUNIOR, Vicente de Paula. Introdução ao direito animal brasileiro. Revista Brasileira de Direito Animal, Salvador, v. 13, n. 3, p. 48-76, set./dez. 2018. Disponível em: https://portalseer.ufba.br/index.php/RBDA/article/view/28768. Acesso em: 12 maio 2023.

AUXÍLIO Brasil paga hoje nova parcela de R$ 400; veja se você tem direito. 2022. Uol, 24 jan. 2022. Disponível em: https://economia.uol.com.br/noticias/

redacao/2022/01/24/auxilio-brasil-paga-hoje-quinta-parcela-de-r-400-em--2022-veja-se-recebe.htm. Acesso em: 6 fev. 2023.

AZEVEDO, Álvaro Villaça. Bem de família internacional. Revista de Direito Privado da UEL, Londrina, v.1, n. 1, 2008.

AZEVEDO, Álvaro Villaça. Bem de família. 6. ed. São Paulo: Atlas, 2010. p. 80.

AZEVEDO, Maria Cândida Simon. O movimento animal produz direito? Luta e reconhecimento no movimento animalista. 2019. 225 f. Dissertação (Mestrado em Direito) – Programa de Pós-graduação em Direito, Universidade do Vale do Rio dos Sinos (Unisinos), São Leopoldo, 2019. Disponível em: http://www.repositorio.jesuita.org.br/bitstream/handle/UNISINOS/8970/Maria%20C%c3 %a2ndida%20Simon%20Azevedo_.pdf?sequence=1&isAllowed=y. Acesso em: 15 maio 2023.

BARCELLOS, Ana Paula. Curso de direito constitucional. 3. ed. Rio de Janeiro: Forense, 2020.

BRASIL. Câmara dos Deputados. Projeto de Lei nº 53/2019, de 4 de fevereiro de 2019. Pretende alterar artigos da Lei nº 13.105, de 16 de março de 2015 que institui o Código de Processo Civil e dá outras providências. Brasília: Câmara dos Deputados, 2019. Disponível em: https://www.camara.leg.br/proposicoesWeb/fichadetramitacao?idProposicao=2190488. Acesso em: 16 jun. 2023.

BRASIL. Conselho Nacional de Justiça. Resolução nº 318 (22/05/2020). Prorroga, no âmbito do Poder Judiciário, em parte, o regime instituído pelas Resoluções nº 313, de 19 de março de 2020, e nº 314, de 20 de abril de 2020, e dá outras providências. Brasília: Presidência da República. Disponível em: https://atos.cnj.jus.br/atos/detalhar/3308. Acesso em: 30 jun. 2023.

BRASIL. [Constituição (1988)]. Constituição da República Federativa do Brasil. Brasília, DF: Diário Oficial da União, 1988. Disponível em: http://www.planalto.gov.br/ccivil_03/Constituicao/ Constituiçao.htm. Acesso em: 21 maio 2023.

BRASIL. Decreto Presidencial nº 4.657, de 4 de setembro de 1942. Lei de Introdução às normas do Direito Brasileiro. Brasília, DF: Diário oficial da União, 1942. Disponível em: https://www.planalto.gov.br/ccivil_03/Decreto-Lei/Del4657compilado.htm. Acesso em: 25 maio 2023.

BRASIL. Decreto nº 10.661, de 26 março de 2021. Regulamenta a Medida Provisória nº 1.039, de 18 de março de 2021, que institui o Auxílio Emergencial 2021 para o enfrentamento da emergência de saúde pública de importância internacional decorrente do coronavírus (covid-19). Disponível em: https://legislacao.presidencia.gov.br/atos/?EC&numero=10661&ano=2021&ato=07aoXSE5UMZpWTab4. Acesso em: 30 jun. 2023.

BRASIL. Lei 8.009, de 29 de março de 1990. Impenhorabilidade do bem de família. Brasília, DF: Diário Oficial da União, 1990. Disponível em: http://www. planalto.gov.br/ccivil_03/leis/L8009.htm. Acesso em: 20 maio 2023.

BRASIL. Lei 10.406, de 10 de janeiro de 2002. Código Civil. DF: Diário Oficial da União, 2002. Disponível em: https://www.planalto.gov.br/ccivil_03/LEIS/2002/L10406compilada.htm. Acesso em: 25 maio 2023.

BRASIL. Lei nº 13.105, de 16 de março de 2015. Código de Processo Civil. Brasília: Presidência da República, 2015. Disponível em: http://www.planalto.gov.br/ccivil_03/_ato2015-2018/2015/lei/l13105.htm. Acesso em: 29 jun. 2023.

BRASIL. Lei nº 13.982, de 2 de abril de 2020. Altera a Lei nº 8.742, de 7 de dezembro de 1993, para dispor sobre parâmetros adicionais de caracterização da situação de vulnerabilidade social para fins de elegibilidade ao benefício de prestação continuada (BPC), e estabelece medidas excepcionais de proteção social a serem adotadas durante o período de enfrentamento da emergência de saúde pública de importância internacional decorrente do coronavírus (COVID-19) responsável pelo surto de 2019, a que se refere a Lei nº 13.979, de 6 de fevereiro de 2020. Brasília: Presidência da República, 2020. Disponível em: http://www.planalto.gov.br/ccivil_03/_ato2019-2022/2020/lei/l13982.htm. Acesso em: 29 jun. 2023.

BRASIL. Lei nº 14.284, de 29 de dezembro de 2021. Institui o Programa Auxílio Brasil e o Programa Alimenta Brasil; define metas para taxas de pobreza; altera a Lei nº 8.742, de 7 de dezembro de 1993; revoga a Lei nº 10.836, de 9 de janeiro de 2004, e dispositivos das Leis nos 10.696, de 2 de julho de 2003, 12.512, de 14 de outubro de 2011, e 12.722, de 3 de outubro de 2012; e dá outras providências. Brasília: Presidência da República, 2021. Disponível em: http://www.planalto.gov.br/ccivil_03/_Ato2019-2022/2021/Lei/L14284.htm#art46. Acesso em: 30 jun. 2023.

BRASIL. Medida Provisória nº 1.000, de 2 de setembro de 2020. Institui o auxílio emergencial residual para enfrentamento da emergência de saúde pública de importância internacional decorrente do coronavírus (covid-19) responsável pelo surto de 2019, a que se refere a Lei nº 13.979, de 6 de fevereiro de 2020. Brasília: Presidência da República, 2020. Disponível em: http://www.planalto.gov.br/ccivil_03/_ato2019-2022/2020/Mpv/mpv1000.htm. Acesso em: 30 jun. 2023.

BRASIL. Superior Tribunal de Justiça (3. Turma). Recurso Especial 11.698/MS. Relator: Min. Waldemar Zveitemer. Julgado em 18.02.1992. DJe: 06.04.1992.

BRASIL. Superior Tribunal de Justiça (4. Turma). Recurso Especial 26.569/RS. Relator: Min. Waldemar Zveiter. Julgado em 30.11.1992. DJ: 01.02.1993.

BRASIL. Superior Tribunal de Justiça (4. Turma). Recurso Especial n° 84.756/RS. Relator: Min. Ruy Rosado de Aguiar, j. em 25.03.1996, DJe 27.5.1996.

BRASIL. Superior Tribunal de Justiça (2. Turma). Agravo interno 184.198/RS. Relator: Min. Carlos Veloso. Julgado em 13.12.1996. DJ: 04.04.1997.

BRASIL. Superior Tribunal de Justiça (3. Turma). Recurso Especial 50.622/RS. Relator: Min. Claudio Santos. Julgado em 12.02.1996. DJ: 06.05.1996.

BRASIL. Superior Tribunal de Justiça. Pleno. Mandado de segurança 22.579/PB. Relator: Min. Carlos Velloso. Julgado em 18.03.1998. DJ: 17.04.1998.

BRASIL. Superior Tribunal de Justiça (3. Turma). Recurso Especial 149.363/PR. Relator: Min. Carlos Alberto Menezes Direito. Julgado em 04.02.1999. DJ: 12.04.1999.

BRASIL. Superior Tribunal de Justiça. Embargos de divergência no recurso especial 182.223/SP. Relator: Min. Sávio de Figueiredo Teixeira. Relator p/acórdão: Min. Humberto Gomes de Barros. Julgado em 06.02.2002. DJ: 07.04.2003.

BRASIL, Superior Tribunal de Justiça, Corte Especial. Embargos de Divergência no Recurso Especial nº 1.874.222/DF, relatoria Ministro João Otávio Noronha. Julgado em 19.04.2023. DJe 24.05.2023.

BRASIL. Superior Tribunal de Justiça (2. Turma). Recurso Especial nº 667.866/RS. Relator: Min. Franciulli Netto. Julgado em 21.06.2005. DJ 05.09.2005.

BRASIL. Superior Tribunal de Justiça. Corte Especial. Recurso Especial nº 1.114.767/RS. Relator: Ministro Luiz Fux. Julgado em 02.12.2009. DJe 04.02.2010.

BRASIL. Superior Tribunal de Justiça (3. Turma). Recurso Especial 1.007.070/RS. Relatora: Min. Massani Uyeda. Julgado em 19.08.2010. DJ: 01.10.2010.

BRASIL. Superior Tribunal de Justiça (3. Turma). Recurso Especial 1.284.708/PR. Relatora: Min. Massani Uyeda. Julgado em 22.11.2011. DJ: 09.12.2012.

BRASIL. Superior Tribunal de Justiça (3. Turma). Recurso Especial nº 1.330.567/RS. Relatora: Min. Nancy Andrighi. Julgado em 16.05.2013. DJe de 27.05.2013.

BRASIL. Superior Tribunal de Justiça (4. Turma). Recurso Especial nº 1.356.404/DF. Relator: Min. Raul de Araújo. Julgado em 28.05.2013. DJe 23.08.2013.

BRASIL. Superior Tribunal de Justiça. Recurso Especial nº 1.230.060/PR. Relatora: Min. Maria Isabel Gallotti. Segunda Seção. Julgado em 13.08.2014. DJe de 29.08.2014.

BRASIL. Superior Tribunal de Justiça (4. Turma). Recurso Especial nº 1.224.774/MG. Relatora: Min. Maria Isabel Gallotti. Julgado em 10.11.2016. DJe 17.11.2016.

BRASIL. Superior Tribunal de Justiça (3. Turma). Recurso Especial 1591298/RJ. Relator: Min. Marco Aurélio Belizze. Julgado em: 14.11.2017.

BRASIL. Superior Tribunal de Justiça (4. Turma). Recurso Especial 1.713.167-SP (2017/0239804-9). Relator: Luis Felipe Salomão. Julgado em 19.06.2018. Disponível em: https://stj.jusbrasil.com.br/jurisprudencia/635855286/recurso-especial-resp-1713167-sp-2017- 0239804-9/inteiro-teor-635855288. Acesso em: 5 jun. 2023.

BRASIL. Superior Tribunal de Justiça. Corte Especial, Embargos de Divergência no Recurso Especial nº 1.582.475/MG. Relator: Min. Benedito Gonçalves. Julgado em 03.10.2018. DJe 16.10.2018.

BRASIL. Superior Tribunal de Justiça (3. Turma). Recurso Especial nº 1.815.055/SP. Relatora: Min. Nancy Andrighi. Julgado em: 03.08.2020. DJe 26.08.2020.

BRASIL. Superior Tribunal de Justiça (3. Turma). Recurso Especial 1913236/MT. Relatora: Min. Nancy Andrigui. Julgado em 16.03.2021. DJe 22.03.2021.

BRASIL. Superior Tribunal de Justiça (4. Turma). Recurso Especial nº 1.935.102/DF. Relator: Min. Luis Felipe Salomão. Julgado em 29.06.2021. Data de Publicação: DJe 25.08.2021. Disponível em: https://scon.stj.jus.br/SCON/pesquisar.jsp?i=1&b=ACOR&livre=((%27RESP%27.clas.+e+@num=%271935102%27)+ou+(%27REsp%27+adj+%271935102%27).suce.)&thesaurus=JURIDICO&fr=veja. Acesso em: 20 jul. 2023.

BRASIL. Superior Tribunal de Justiça, Corte Especial. Agravo no Recurso Especial nº 1.775.724/DF. Relator: Min. Antônio Carlos Ferreira. Julgado em 28.10.2021. DJe 04.11.2021.

BRASIL. Superior Tribunal de Justiça (2. Turma). Recurso Especial nº 1.486.084/RJ. Relator: Min. Francisco Falcão. Julgado em 02.05.2022. DJe 10.05.2022.

BRASIL. Superior Tribunal de Justiça. Agravo Interno no Agravo em Recurso Especial n. 2.209.418/RS. Relator: Min. Sérgio Kukina. Julgado em 13.02.2023. DJe de 16.02.2023.

BRASIL. Supremo Tribunal Federal. Recurso Extraordinário nº 352.940.

Penhorabilidade de bem de família de fiador em contrato de locação. Plenário. Relator: Min. Carlos Velloso. Julgado em 25.04.2005. DJE, divulgado em 09.05.2005.

BRASIL. Supremo Tribunal Federal. Recurso Extraordinário nº 407.688. Penhorabilidade de bem de família de fiador em contrato de locação. Plenário. Relator: Min. Cezar Peluso. Julgado em 08.02.2006. DJE nº32/2006, divulgado em 06.10.2006.

BRASIL. Supremo Tribunal Federal. Tema de Repercussão Geral nº 295, Recurso Extraordinário paradigma nº 612.360. Plenário. Relatora: Min Ellen Gracie. Julgado em 16.09.2010. DJE nº 178, divulgado em 22.09.2010.

BRASIL. Supremo Tribunal Federal. Pleno. Agravo regimental 1038507. Relator: Min. Edson Fachin. Julgado em: 21.12.2020. Dje: 13.03.2021.

BRASIL. Supremo Tribunal Federal. Recurso Extraordinário nº 1307.334. Penhorabilidade de bem de família de fiador em contrato de locação comercial. Plenário. Relator: Min. Alexandre de Moraes. Julgado em 25.02.2022 a 08.03.2022. DJE nº 111, divulgado em 07.06.2022.

BRASIL. Tribunal de Justiça do Distrito Federal. Agravo de instrumento nº 0740356-29.2020.8.07.0000. Relatora: Desembargadora Gislene Pinheiro. Julgado em 21.01.2021, 7ª Câmara Cível. Data de Publicação: 28.01.2021. Disponível em: https://pesquisajuris.tjdft.jus.br/IndexadorAcordaos-web/sistj. Acesso em: 21 jul. 2023.

BRASIL. Tribunal Regional Federal. Súmula 108. Execução. Penhora. Impenhorabilidade. Hipóteses. CPC/1973, art. 649, IV e X. CPC/2015, art. 833, X. Rio Grande do Sul: Tribunal Regional Federal, [2023].

BRASILEIROS têm 52 milhões de cães e 22 milhões de gatos, aponta IBGE. Globo G1, 2 jun. 2015. Disponível em: https://g1.globo.com/natureza/noticia/2015/06/brasileiros-tem-52-milhoes-de-caes-e-22-milhoes-de-gatos-aponta-ibge.html. Acesso em: 19 jun. 2023.

BUENO, Cassio Scarpinella. Manual de direito processual civil: volume único. 5. ed. rev., atual. e ampl. São Paulo: Saraiva Educação, 2019.

BUENO, Cassio Scarpinella. Curso sistematizado de direito processual civil, vol. 3: tutela jurisdicional executiva. 9. ed. São Paulo: Saraiva, 2020.

CÂMARA, Alexandre Freitas. Manual de Direito Processual Civil. 2. ed. Barueri, SP: Atlas, 2023.

CAMPELLO, Lívia Gaigher Bósio; BARROS, Ana Carolina Vieira de. A era da afirmação dos direitos dos animais no cenário global e seu fundamento na solidariedade entre espécies. Revista Brasileira de Direito Animal, Salvador, v. 13, n. 2, p. 95-109, Maio-Ago. 2018.

CANAN, Ricardo. Impenhorabilidade da pequena propriedade rural. Revista de Processo, São Paulo, v. 38, n. 221, p. 117-152, 2013.

CANUTO, Elza Maria Alves. O direito à moradia urbana como um dos pressupostos para a efetivação da dignidade da pessoa humana. 2008. 342 f. Tese (Doutorado em Ciências Humanas) – Universidade Federal de Uberlândia, Uberlândia, 2008.

CHAVES, Marianna. Disputa de guarda de animais de companhia em sede de divórcio e dissolução de união estável: reconhecimento da família multiespécie. Instituto Brasileiro de Direito de Família. Disponível em: http://ibdfam.org.br/artigos/1052/Disputa+de+guarda+de+animais+de+companhia+em+sede +de+-divorcio. Acesso em: 1 jun 2023.

COELHO, Marcus Vinicius Furtado. Art. 1º do CPC – Constitucionalização do processo. Migalhas, 28 jan. 2019. Disponível em: https://www.migalhas.com.br/coluna/cpc-marcado/295132/art%E2%80%941—do-cpc---constitucionalizacao--do-processo. Acesso em: 7 ago. 2023.

CORDEIRO, Paulo Machado. A responsabilidade social dos juízes e a aplicação dos direitos fundamentais. Salvador: Podivm, 2007.

COSTA, Deborah Regina Lambach Ferreira da; FERREIRA, Fabiano Montiani. O direito dos animais de companhia. Revista Brasileira de Direito Animal, Salvador, v. 13, n. 2, p. 24-39, maio-ago. 2018.

COTA, Wesley. Número de casos confirmados de COVID-19 no Brasil. 2022. Página Inicial. Disponível em: https://covid19br.wcota.me/. Acesso em: 19 jul. 2023.

CRISTALDO, Heloísa; BRANDÃO, Marcelo. Vacinação contra a covid-19 começa em todo o país. Agência Brasil, 19 jan. 2021. Disponível em: https://agenciabrasil.ebc.com.br/saude/noticia/2021-01/vacinacao-contra-covid-19-come%C3%A7a--em-todo-o-pais. Acesso em: 15 jul. 2023.

DECLARAÇÃO de Cambridge sobre a consciência em animais humanos e não humanos. Revista IHU, 31 jul. 2012. Disponível em: http://www.ihu.unisinos.br/172-noticias/noticias-2012/511936-declaracao-de-cambridge-sobre-a-consciencia-em-animais-humanos-enao-humanos. Acesso em: 1 jun. 2023.

DIAS, Edna Cardozo. Tutela Jurídica dos Animais. 2000. Tese (Doutorado em Direito) – Faculdade de Direito, Universidade Federal de Minas Gerais, Belo Horizonte, 2000.

DIAS, Maria Berenice. Manual de Direito das Famílias. 14. ed. Salvador: JusPodivm, 2021.

DIDIER JR., Fredie. Curso de Direito Processual Civil Execução. 11. ed. São Paulo: Editora JusPODIVM, 2021.

DIDIER JÚNIOR, Fredie; CUNHA, Leonardo Carneiro da; BRAGA, Paulo Sarno; OLIVEIRA, Rafael Alexandria de. Novo CPC: Doutrina Atualizada, vol. 5: Execução. 2. ed. rev. e atual. Salvador: Juspodivm, 2016. 768 p.

DIDIER JÚNIOR, Fredie; CUNHA, Leonardo Carneiro da; BRAGA, Paulo Sarno; OLIVEIRA, Rafael Alexandria de. Curso de direito processual Civil: execução. Vol.5. 11. e 13. ed. Salvador: Ed JusPodivm, 2021 e 2023.

DINAMARCO, Cândido Rangel. Instituições de Direito Processual Civil Vol. IV. 2. e 4. ed. São Paulo: Editora Malheiros Editores, 2004, 2019.

DONIZETTI, Elpídio. Curso de Direito Processual Civil. São Paulo: Atlas, 2021. Disponível em: https://integrada.minhabiblioteca.com.br/#/books/9788597027860/. Acesso em: 5 fev. 2023.

EMBRAPA – Empresa Brasileira de Pesquisa Agropecuária. VII Plano Diretor de Embrapa - 2020 a 2030. Disponível em: https://www.embrapa.br/vii-plano-diretor. Acesso em: 7 ago. 2023.

FRANCIONE, Gary L. Direitos dos animais: uma abordagem incrementadora. Revista Brasileira de Direito Animal, Salvador, v. 14, n. 1, p. 111-127, jan./abr. 2019. Disponível em: https://portalseer.ufba.br/index.php/RBDA/article/view/30729. Acesso em: 1 jun. 2023.

FROEHLICH, Allana Rocaia Focking. A (im)penhorabilidade de animais domésticos (pets) no processo de execução brasileiro. 2020. 85 f. Trabalho de Conclusão de Curso (Graduação em Direito) – Universidade de Santa Cruz do Sul, Santa Cruz do Sul, 2020.

FUX, Luiz. Curso de Direito Processual Civil. 5. ed. Rio de Janeiro: Forense, 2022. E-book. ISBN 9786559645466. Disponível em: https://integrada.minhabiblioteca.com.br/#/books/9786559645466/. Acesso em: 12 jul. 2023.

GAGLIANO, Pablo Stolze; PAMPLONA FILHO, Rodolfo. Novo curso de direito civil. Volume 7: direito das sucessões. 6. ed. São Paulo: Saraiva Educação. 2019.

GOMES, Orlando. Sucessões, 2019.

GONÇALVES, Carlos Roberto. Direito Civil Brasileiro: direito das sucessões. v. 7. 11. ed. São Paulo: Saraiva, 2017.

GONÇALVES, Marco Carvalho. Lições de processo civil executivo. 4. ed. São Paulo: Grupo Almedina, 2020.

GONÇALVES, Marcus Vinicius Rios. Direito Processual Civil. 14 ed. São Paulo: Saraiva, 2023. E-book. Disponível em: https://integrada.minhabiblioteca.com.br/#/bo-oks/9786553627659/. Acesso em: 13 mai. 2023

GOZZO, Débora. Comentários ao Código Civil Brasileiro. 2004. v. XVI.

GRECO, Leonardo. O Processo de execução. Rio de Janeiro: Renovar, 2001. v. 2.

HERTEL, Daniel Roberto. Curso de Execução Civil. Rio de Janeiro: Editora Lumen Juris, 2008.

HIRONAKA, Giselda Maria Fernandes Novaes; CAHALI, Francisco José. Direito das Sucessões. 5. ed. revista. São Paulo: Revista dos Tribunais, 2014.

HORA NETO, João. O bem de família, a fiança locatícia e o direito à moradia. Revista da ESMESE, n. 9, 2006.

IBDFAM – Instituto Brasileiro de Direito de Família. Enunciado nº 11 do IBDFAM. Disponível em: https://bit.ly/38qKoQA. Acesso em: 1 maio 2023.

IBGE – Instituto Brasileiro de Geografia e Estatística. População de Animais de Estimação no Brasil – 2013. Disponível em: https://www.gov.br/agricultura/pt-br/assuntos/camaras-setoriais-tematicas/documentos/camaras-tematicas/insumos-agropecuarios/anos-anteriores/ibge-populacao-de-animais-de-estimacao-no-brasil-2013-abinpet-79.pdf/view. Acesso em: 16 maio 2023.

IBGE – Instituto Brasileiro de Geografia e Estatística. Inflação. Página Inicial. Disponível em: https://www.ibge.gov.br/explica/inflacao.php. Acesso em: 20 jul. 2023.

IBGE – Instituto Brasileiro de Geografia e Estatística. Síntese de Indicadores Sociais: em 2020, sem programas sociais, 32,1% da população do país estariam em situação de pobreza. Estatísticas Sociais, 2021. Disponível em: https://agenciadenoticias.ibge.gov.br/agencia-sala-de-imprensa/2013-agencia-de-noticias/releases/32418-sintese-de-indicadores-sociais-em-2020-sem-programas-sociais-32-1-da-populacao-do-pais-estariam-em-situacao-de-pobreza. Acesso em: 21 jul. 2023.

JAYME, Fernando Gonzaga. Manual de Direito Processual Civil. Por: Marcus Vinicius Furtado Coelho. Belo Horizonte: Del Rey, 2023.

LACERDA, Manoel de. Sucessões: exposição doutrinária desta parte do direito civil. Rio de Janeiro, 1915.

LEITE, Eduardo de Oliveira. Comentários ao novo Código Civil. 2009. v. XXI.

LIEBMAN, Enrico Tullio. Processo de execução. 4. ed. São Paulo: Saraiva, 1980. p. 124.

LÔBO, Paulo. Metodologia do Direito Civil Constitucional. Direito Civil Constitucional – A ressignificação da função dos institutos fundamentais do direito civil contemporâneo e suas consequências. Florianópolis: Conceito Editorial, 2014. p. 19-27.

LÔBO, Paulo. Direito civil: obrigações. 8. ed. São Paulo: Saraiva, 2020.

LOURENÇO, K. F. R; SOUSA, T. S. P. Família multiespécie: o caminhar da jurisprudência na resolução de questões de família envolvendo os animais de estimação diante da morosidade legislativa em editar lei específica. Revista JurES, Espírito Santo, v. 13, n. 23, 2020.

MACHADO, Anelise Siqueira. Registro de animais de estimação: uma forma de reconhecimento da família multiespécie. 2019. 74 f. Trabalho de Conclusão de Curso (Especialização em Direito Público e Privado) – Escola da Magistratura do Estado do Rio de Janeiro (EMERJ), Rio de Janeiro, 2019. Disponível em: https://www.emerj.tjrj.jus.br/paginas/biblioteca_videoteca/monografia/Monografia_pdf/2019/AneliseSiqueiraMachado.pdf. Acesso em: 15 maio 2023.

MACHADO, Antônio Cláudio da Costa. Código de Processo Civil interpretado, artigo por artigo. Barueri: Manole, 2010. p. 910.

MADALENO, Rolf. Direito de família. 13. ed. Rio de Janeiro: Editora Forense, 2023. E-book. ISBN 9786559648511. Disponível em: https://integrada.minhabiblioteca.com.br/#/books/9786559648511/. Acesso em: 13 jul. 2023.

MARINONI, Luiz Guilherme. Novo Curso de Processo Civil: tutela dos direitos mediante procedimento comum. Vol. 2. 3. e 5. ed. rev., atual. e ampl. São Paulo: Editora Revista dos Tribunais, 2017 e 2019.

MARINONI, Luiz Guilherme; ARENHART, Sérgio Cruz. Execução. São Paulo: Revista dos Tribunais, 2012. v. 3.

MARINONI, Luiz Guilherme; ARENHART, Sérgio Cruz; MITIDIERO, Daniel. Curso de processo civil: tutela dos direitos mediante procedimentos diferenciados. Vol. 3. 5. ed. São Paulo: Thomson Reuters Brasil, 2020.

MARINONI, Luiz Guilherme; ARENHART, Sérgio Cruz; MITIDIERO, Daniel. Manual do processo civil. 5. ed. São Paulo: Thomson Reuters Brasil, 2020.

MARTINS, Flávio. Curso de direito constitucional. 4. ed. São Paulo: Saraiva, 2020.

MATO GROSSO. Tribunal de Justiça. 2ª Câm. Cív. Agravo interno 57291/2011/ Diamantino – Rel.ª Des.ª Maria Helena Gargaglione Povoas. Julgado em: 21.09.2011.

MATO GROSSO DO SUL. Tribunal de Justiça. 1ª T. Civ. Apelação cível 2009.013645-0/0001-00 – Rel. Des. Sérgio Fernades Martins. Julgado em: 07.02.2011 e TJMS – 1ª T. Cív. – AC 2012.014184-6/0000-00 – Rel. Des. Joenildo de Souza Chaves. Julgado em: 18.07.2012.

MEDINA, José Miguel Garcia. Processo de execução e cumprimento de sentença. São Paulo: Revista dos Tribunais, 2013. v. 3.

MEDEIROS, Fernanda Luiza Fontoura de; NETO, Jayme Weingartner; PETTERLE, Selma Rodrigues. Animais não humanos e a vedação a crueldade. Dados eletrônicos – Canoas, RS: Ed. Unisalle, 2016.

MENDES, Gilmar Ferreira; BRANCO, Paulo Gustavo Gonet. Curso de Direito Constitucional. 16. ed. São Paulo: Saraiva, 2021. E-book. Disponível em: https:// inte- grada.minhabiblioteca.com.br/#/books/9786555593952/. Acesso em: 8 maio 2023.

MIRANDA, Pontes de. Tratados de direito privado. 1972. v. 55.

MIRANDA, Pontes de. Comentários ao código de processo civil. Rio de Janeiro: Forense, 2002. Tomos IX e X.

MONTENEGRO FILHO, Misael. Direito Processual Civil. 14. ed. S.I. Grupo GEN, 2019. E-book. Disponível em: https://integrada.minhabiblioteca.com.br/#/books/9788597020304/. Acesso em: 17 maio 2023.

MORAES, Alexandre de. Direito Constitucional. 13. e 36. ed. Revista e ampliada. Grupo GEN, 2003 e 2020.

MOREIRA, José Carlos Barbosa. O novo processo civil brasileiro. 29. ed. Rio de Janeiro: Ed. Forense, 2012. E-book. Disponível em: https://integrada.minhabiblio- teca.com.br/#/books/978-85-309-4385-1/. Acesso em: 17 maio 2023.

NATIVIDADE, João Pedro Kostin Felipe de; SILVA, Luiz Augusto da. Comentário. À Jurisprudência: STF – Recurso Extraordinário 1.307.334/SP. Revista de Direito Civil Contemporâneo, v. 32, p. 449-469, 2022.

NAVARES, Ana Luiza Maia. A função promocional do testamento – tendências do Direito Sucessório. 2009.

NERY JUNIOR, Nelson; NERY, Rosa Maria de Andrade. Código de Processo Civil comentado. 21. ed.São Paulo: Thomson Reuters Brasil, 2023.

NERY JUNIOR, Nelson. Código de Processo Civil comentado. São Paulo: Thomson Reuters Brasil, 2018.

NEVES, Daniel Amorim Assumpção. Comentários ao Código de Processo Civil, v. 17 arts. 824 a 875: da execução por quantia certa. São Paulo: Saraiva, 2018.

NEVES, Daniel Amorim Assumpção. Manual de Direito Processual Civil. vol. único. Salvador: Editora Juspodvim, 2021 e 2023.

NOGUEIRA, Gustavo Santana; NOGUEIRA, Suzane Pimentel. O caso Joey e a possibilidade de penhora de animais domésticos no novo CPC. Revista Da Faculdade De Direito Da FMP, v. 11, p. 95-111, 2018. Disponível em: https://revistas.fmp.edu.br/index.php/FMPRevista/article/view/54/65. Acesso em: 20 maio 2023.

NUNES, Luiz Antonio Rizzatto. A dignidade da pessoa humana e o papel do julgador. In: MIRANDA, Jorge da (coord.). Tratado luso-brasileiro da dignidade humana. São Paulo: Quartier Latin, 2009. p. 429.

OLIVEIRA, Eduardo Perez. Uns Beagles e umbigos: (Re)Pensando o valor da dignidade da vida. Revista Jurídica Consulex, v. 18, n. 415, p. 50-52, 1 maio 2014.

OLIVEIRA, Fábio Corrêa Souza de. Direito e Ética Animal: uma leitura a partir da categoria Romance em Cadeia, de Ronald Dworkin. In: TRINDADE, André

Karam; ESPÍNDOLA, Angela Araujo da Silveira; BOFF, Salete Oro (org.). Direito, democracia e sustentabilidade. Anuário do Programa de Pós-Graduação Stricto Sensu em Direito da Faculdade Meridional. Passo Fundo: IMED, 2015. p. 163-188.

PARANÁ. Tribunal de Justiça. 14ª Cam. Cív. Agravo interno 958.268-7. Relator: Des. Marco Antonio Antoniassi. Julgado em: 14.11.2012. DJ: 30.11.2012.

PARANÁ. Tribunal de Justiça. Agravo de instrumento n. 0011215-20.2021.8.16.0000, Relatora: Juíza de Direito Substituta em Segundo Grau Vania Maria da Silva Kramer. Julgado em: 26.07.2021, 16ª Câmara Cível, Data de Publicação: DJe 30.07.2021. Disponível em: https://portal.tjpr.jus.br/jurisprudencia/j/4100000016852101/Ac%C3%B3rd%C3%A3o-0011215-20.2021.8.16.0000#integra_4100000016852101. Acesso em: 22 jul. 2023.

PARANÁ. Tribunal de Justiça. Agravo de Instrumento n. 0059204-56.2020.8.16.000. Acórdão que permitiu que animais que pela natureza de serem sencientes, ostentam capacidade de ser parte (personalidade judiciária) desde que representados. Relator: Juiz Subst. 2º Grau Marcel Guimarães Rotoli de Macedo. Agravante(s): SPIKE, ONG SOU AMIGO e RAMBO. Agravado(s): Pedro Rafael de Barros Escher e ELIZABETH MERIDA DEVAI. Cascavel, julgado em: 14.09.2021. Disponível em: https://projudi2.tjpr.jus.br/projudi/arquivo. do?_tj=cc3d027ba3aed0b0 1a59d36d3f78ac5 6f26276e2fef26a77a8a c99fb63bd1e835e1bd1fb 78d8809f. Acesso em: 16 jun. 2023.

PARANÁ. Tribunal de Justiça. Agravo de instrumento n. 0070486- 23.2022.8.16.0000. Relator: Desembargador José Camacho Santos. 13ª Câmara Cível. Julgado em 03.03.2023.

PARANÁ. Tribunal de Justiça. Agravo de instrumento n. 0065475- 13.2022.8.16.0000. Relator: Desembargador Luciano Carrasco Falavinha Souza. 17ª Câmara Cível. Julgado em 20.03.2023.

PARANÁ. Tribunal de Justiça. Agravo de instrumento n. 0002505- 40.2023.8.16.0000 Relator: Desembargador Fábio André Santos Muniz. 13ª Câmara Cível. Julgado em 31.03.2023.

PARANÁ. Tribunal de Justiça. Agravo de instrumento n. 0064544- 10.2022.8.16.0000. Relatora: Desembargadora Themis Almeida Furquim. 14ª Câmara Cível. Julgado em 17.04.2023.

PARANÁ. Tribunal de Justiça. Agravo de instrumento n. 0002668- 20.2023.8.16.0000. Relator: Desembargador Lauro Laertes de Oliveira. 16ª Câmara Cível. Julgado em 19.04.2023.

PARANÁ. Tribunal de Justiça. Agravo de instrumento n. 0019276-64.2021.8.16.0000, Relator: Desembargador Sigurd Roberto Bengtsson. Data de Julgamento: 28.06.2021. 11ª Câmara Cível. Data de Publicação: DJe 28.06.2021. Disponível em: https://portal.tjpr.jus.br/jurisprudencia/j/4100000017225991/Ac%C3%B3rd%C3%A3o-0019276-64.2021.8.16.0000#. Acesso em: 22 jul. 2023.

PARANÁ. Tribunal de Justiça. Agravo de instrumento n. 0043472-98.2021.8.16.0000. Relator: Desembargador Sigurd Roberto Bengtsson. Data de Julgamento: 04.11.2021. 11ª Câmara Cível. Data de Publicação: DJe 08.11.2021. Disponível em: https://portal.tjpr.jus.br/jurisprudencia/j/4100000018301521/Ac%C3%B3rd%C3%A3o-0043472-98.2021.8.16.0000#. Acesso em: +22 jul. 2023.

PARANÁ. Tribunal de Justiça. Agravo de instrumento n. 0069285-64.2020.8.16.0000. Relator: Juiz de Direito Substituto em Segundo Grau Victor Martim Batschke. Data de Julgamento: 04.02.2022. 13ª Câmara Cível. Data de Publicação: DJe 11.02.2022. Disponível em: https://portal.tjpr.jus.br/jurisprudencia/j/4100000015931491/Ac%C3%B3rd%C3%A3o-0069285-64.2020.8.16.0000#. Acesso em: 22 jul. 2023.

PARANÁ. Tribunal de Justiça. Agravo de instrumento n. 0050122-64.2021.8.16.0000. Relatora: Juíza de Direito Substituto em Segundo Grau Luciane do Rocio Custódio Ludovico. Data de Julgamento: 02.03.2022. 11ª Câmara Cível. Data de Publicação: DJe 09.03.2022. Disponível em: https://portal.tjpr.jus.br/jurisprudencia/j/4100000018605711/Ac%C3%B3rd%C3%A3o-0050122-64.2021.8.16.0000. Acesso em: 22 jul. 2023.

PEREIRA, Caio Mário da S. Instituições de Direito Civil: Direito de Família. 29. ed. Rio de Janeiro: Forense, 2022. v. 5. E-book. ISBN 9786559643417. Disponível em: https://integrada.minhabiblioteca.com.br/#/books/9786559643417/. Acesso em: 10 jul. 2023.

PEREIRA, Caio Mário da S. Instituições de Direito Civil: Introdução ao Direito Civil - Teoria Geral de Direito Civil. Rio de Janeiro: Grupo GEN, 2022. v. 1. p. 363. E-book. ISBN 9786559644469. Disponível em: https://integrada.minhabiblioteca.com.br/#/books/9786559644469/. Acesso em: 17 jul. 2023.

PIARDI, Marcelo. A (im)penhorabilidade do bem de família e o direito à moradia. Data de publicação 21.01.2022. Acesso em: 2 abr. 2023.

PINTO, Samuel Saliba Moreira. Constrição de PETS: Direitos animais e interesses econômicos. Revista Jurídica Eletrônica da Universidade Federal do Piauí, v. 8, n. 1, p. 37-60, jan./jun. 2021.

PLANIOL, Marcel. Traité élémentaire de droit civil français, t. 3.

RAMOS, Vinícius Estefaneli. Teoria dos precedentes judiciais e sua eficácia no sistema brasileiro atual. Revista Jus Navigandi, Teresina, ano 18, n. 3621, 31 maio 2013. Disponível em: https://jus.com.br/artigos/24569. Acesso em: 17 mai. 2023

RIO DE JANEIRO. Tribunal de Justiça. Apelação Cível n. 0019757-79.2013.8.19.0208. Partilha de bens semovente, guarda compartilhada animal doméstico, liame afetivo. Rel. Des. Marcelo Lima Buhatem. Rio de Janeiro, julgado em 27/01/2015. Disponível em: http://www4.tjrj.jus.br/EJURIS/ProcessarConsJuris.aspx?PageSeq=0&Version=1.1.19.0. Acesso em: 16 jun. 2023.

RIO GRANDE DO SUL. Tribunal de Justiça. 1ª Câm. Cív. Agravo interno 70049544554 – Rel. Des. Irineu Mariani. Julgado em: 21.11.2012. DJ: 27.11.2012.

RODRIGUES, Marcelo Abelha. Execução por quantia certa contra devedor solvente. São Paulo: Foco, 2021. p. 447.

RODRIGUES, Francisco Luciano Lima. Função social da Propriedade Privada – Notas sobre a sua evolução conceitual. Themis – Revista da Escola Superior da Magistratura do Estado do Ceará, Ceará, v. 3, n. 2, 2003.

RODRIGUES, Marcelo Abelha. Execução por quantia certa contra devedor solvente. Indaiatuba, SP: Editora Foco, 2021.

SANDEL, Michael, J. Justiça o que é fazer a coisa certa. Tradução de Heloisa Matias e Maria Alice Máximo. 24 ed. Rio de Janeiro: Civilização Brasileira, 2017.

SANTA CATARINA. Tribunal de Justiça. 2ª Câm. Dir. Comercial. Agravo interno 2011.085010-0 – Rel. Des. Robson Luz Varella. Julgado em: 27.11.2021.

SANTOS, Angela Moulin S. Penalva; MEDEIROS, Mariana Gomes Peixoto; LUFT, Rosangela Marina. Direito à Moradia: Um Direito Social em Construção no Brasil – A Experiência do Aluguel Social no Rio de Janeiro. Disponível em: https://repositorio.ipea.gov.br/handle/11058/6575. Acesso em: 10 abr. 2023.

SÃO PAULO. Tribunal de Justiça. Agravo de Instrumento n. 2109074-86.2022.8.26.0000, Relator: Afonso Bráz, Data de Julgamento: 07/07/2022, 17ª Câmara de Direito Privado, Data de Publicação: 07/07/2022. Disponível em: https://esaj.tjsp.jus.br/cjsg/resultadoCompleta.do. Acesso em: 22 jul. 2023.

SÃO PAULO. Tribunal de Justiça. Agravo de Instrumento n. 2189342-30.2022.8.26.0000. Penhora de animal doméstico (pet). Relatora: Lígia Araújo Bisogni. Campinas, julgado em 01/12/2022. Disponível em: https://cjo.tjsp.jus.br/cjsg/resultadoCompleta.do. Acesso em: 20 jun. 2023.

SCHEFFER, Gisele Kronhardt. Diálogos de direito animal. Porto Alegre: Canal Ciências Criminais, 2019.

SCHREIBER, Anderson. Direito à moradia como fundamento para a impenhorabilidade do imóvel residencial do devedor solteiro. In: TEPEDINO, Gustavo. Diálogos sobre direito civil, t. 1. Rio de Janeiro: Renovar, 2002.

SICREDI. Por que o pequeno agricultor é tão importante no Brasil? G1, 25 set. 2020. Disponível em: https://g1.globo.com/pr/parana/especial-publicitario/sicredi/parana-que-coopera/noticia/2020/09/25/por-que-o-pequeno-agricultor-e-tao-importante-no-brasil.ghtml. Acesso em: 7 ago. 2023.

SINGER, Peter. Libertação Animal. São Paulo: Martins Fontes, 2010.

SILVA, Maria Alice da. Direitos animais: fundamentos éticos, políticos e jurídicos. Rio de Janeiro: Ape'Ku, 2020.

SOARES, Ricardo Maurício F. O Princípio Constitucional da Dignidade da Pessoa Humana. 1. ed. São Paulo: Editora Saraiva, 2009. p. 149. E-book. ISBN 9788502139459. Disponível em: https://integrada.minhabiblioteca.com.br/#/books/9788502139459/. Acesso em: 25 maio 2023.

SOUZA, Joseth Filomena de Jesus Souza. O olhar da bioética sobre a representação social de animais no contexto da educação humanitária. 2012. 87 f. Dissertação (Mestrado em Bioética) – Universidade de Brasília, Brasília, 2012.

SOUZA, Thiago Serrano Pinheiro de. O direito ao afeto como direito da personalidade. Revista da Faculdade de Direito - UFPR, Curitiba, n.54, p.109-125, 2011. Disponível em: https://revistas.ufpr.br/direito/article/view/30732. Acesso em: 22 de maio de 2023.

TARTUCE, Flávio. Manual de direito civil. v. único. Rio de Janeiro: Forense, 2011.

TARTUCE, Flávio. Direito civil: lei de introdução e parte geral. 19. ed. Rio de Janeiro: Forense, 2023. v. 1. p. 312.

TEPEDINO, Gustavo. Fundamentos de direito civil. v. 7. Rio de Janeiro: Forense, 2020.

THAMAY, Rennan; GARCIA JUNIOR, Vanderlei; JUNIOR FROTA, Clóvis Smith. Precedentes Judiciais. São Paulo: Saraiva, 2021. E-book. Disponível em: https:// in- tegrada.minhabiblioteca.com.br/#/books/9786555598469/. Acesso em: 10 abr. 2023.

THEODORO JÚNIOR, Humberto. Curso de Direito Processual Civil. 48. ed. Rio de Janeiro: Editora Forense, 2014. v. 2. p. 293.

THEODORO JÚNIOR, Humberto. Curso de Direito Processual Civil. Rio de Janeiro: Forense, 2015. v. 3.

THEODORO JÚNIOR, Humberto. Processo de execução e cumprimento de sentença. 29. e 30. ed. São Paulo: Leud, 2017 e 2020.

THEODORO JÚNIOR, Humberto. Curso de Direito Processual Civil. 52. ed. rev., atual. e ampl. Rio de Janeiro: Forense, 2019. v. 3.

THEODORO JÚNIOR, Humberto. Curso de Direito Processual Civil. Rio de Janeiro: Grupo GEN, 2021. v. 3. p. 416. E-book. ISBN 9786559642373. Disponível em: https://integrada.minhabiblioteca.com.br/#/books/9786559642373/. Acesso em: 18 jul. 2023.

THEODORO JÚNIOR, Humberto. Código de Processo Civil Anotado. Rio de Janeiro, Grupo GEN, 2022. E-book. Disponível em: https://integrada.minhabiblioteca.com.br/#/bo- oks/9786559642892/. Acesso em: 8 abr. 2023.

THEODORO JÚNIOR, Humberto; ANDRADE, Érico. Precedentes no processo brasileiro. 1. ed. Rio de Janeiro: Grupo GEN, 2021.

TITAN, Rafael Fernandes. Direito animal: o direito do animal não humano no cenário processual penal e ambiental. Rio de Janeiro: Lumen Juris, 2021.

TORRES, Ricardo Lobo. O Direito ao Mínimo Existencial. Rio de Janeiro: Renovar, 2009.

TRENTIN, Fernanda; HERTES, Andreia. Quanto vale seu pet? A impossibilidade de penhora de animais de estimação. JUS.COM.BR, 29 ago. 2019. Disponível em: https://jus.com.br/artigos/76205/quanto-vale-seu-pet. Acesso em: 12 maio 2023.

VASCONCELOS, Rita de Cássia Corrêa. Impenhorabilidade do bem de família. 2. ed. São Paulo: Editora Thomson Reuters, Revista dos Tribunais, 2015. p 189.

VELOSO, Zeno. Comentários ao Código Civil. 2003. v. 21.

VENOSA, Silvio de Salvo. Direito civil: sucessões. 13. e 17. ed. São Paulo: Atlas, 2013 e 2017.

VIANNA, Rui Geraldo Camargo. O direito à moradia. Disponível em: https://www.revistas.usp.br/rfdusp/article/download/67487/70097/88907. Acesso em: 12 abr. 2023.

VIEIRA, Rafael Alexandria de. Curso de Direito Processual Civil: Execução. 7. ed. rev., ampl. e atual. São Paulo: JusPodivm, 2009.

WALD, Arnoldo. Direito das sucessões. 15. ed. São Paulo: Saraiva, 2012. v. 6.

WAMBIER, Luiz Rodrigues; TALAMINI, Eduardo. Curso avançado de processo civil: execução. 16. e 17. ed. São Paulo: Revista dos Tribunais, 2017 e 2020.

WAMBIER, Luiz Rodrigues; TALAMINI, Eduardo. Teoria Geral do Processo. 17. ed. São Paulo: Thomsom Reuters, 2018. v. 1.

ZANETI, Hermes. Comentários ao Código de Processo Civil. São Paulo: Revista dos Tribunais, 2017. v. VIV.

ZAVASCKI, Teori A. Antecipação da Tutela. 7. ed. São Paulo: Saraiva, 2009. p. 66. E-book. ISBN 9788502132672. Disponível em: https://integrada.minhabiblioteca.com.br/#/books/9788502132672/. Acesso em: 6 jul. 2023.

SOBRE OS AUTORES

Richard Henrique Kustel Belli

Assessor de Juiz de Direito no Tribunal de Justiça do Paraná. Especialista em Direito Processual Civil pela Pontifícia Universidade Católica do Paraná. Bacharel em Direito pela Pontifícia Universidade Católica do Paraná. Cursando especialização em Ministério Público - Estado Democrático de Direito pela Fundação Escola do Ministério Público do Paraná.

Caio Luiz Stonoga Rocha

Advogado, formado em direito pela Pontifícia Universidade Católica do Paraná (PUCPR), pós-graduando em Direito e Relações do Trabalho, pesquisador em programa institucional de iniciação científica no ciclo 2021/2022.

Emily Cavali da Costa Meira

Acadêmica de Direito da Pontifícia Universidade Católica do Paraná (PUCPR) do 10º período. Trainee do escritório Poletto e Possamai Sociedade de Advogados. Monitora das disciplinas de Processo Civil Judicial e Pessoas e Bens em 2022. Participante do Projeto de Iniciação Científica da PUCPR (Pibic) (2022/2023). Ex-integrante do Grupo de Competição de Processo Civil da PUCPR.

Gustavo Gipiela

Advogado graduado pela Pontifícia Universidade Católica do Paraná. Residente Jurídico no Ministério Público do Estado do Paraná. Pós-graduado em Direito Notarial e Registral Imobiliário pelo Centro Universitário Ítalo Brasileiro. Pós-graduando especialização em Direito Penal e Processual Penal pela Pontifícia Universidade Católica do Paraná.

Eduarda Sprea Ciscato

Acadêmica de Direito da Pontifícia Universidade Católica do Paraná (PUCPR) do 9º período e estagiária do escritório Ciscato Advogados Associados. Participante do Projeto de Iniciação Científica (Pibic) (2023-2024). Ex-integrante do Núcleo de Arbitragem da PUCPR, no qual atuou como pesquisadora.

Gabriela Machado Monteiro

Acadêmica do 9º período de Direito da Pontifícia Universidade Católica do Paraná (PUCPR). Participante do Programa Institucional de Bolsa de Iniciação Científica (2023-2024), notadamente na área de Direito Processual Civil. Fluente em inglês, com certificado Test of English as a Foreign Language (TOEFL).

Laís Gimenez Reis

Graduanda em Direito pela Pontifícia Universidade Católica do Paraná. Pesquisadora nos Projetos de Iniciação Científica "Responsabilidade civil no tratamento de dados pessoais dos consumidores na sociedade tecnológica de consumo – Análise a partir da Lei Geral de Proteção de Dados e o Código de Defesa do Consumidor" e "O Direito Processual Coletivo e efetividade dos direitos fundamentais: garantia do acesso à justiça por meio das tutelas coletivas". Bicampeã mundial em apresentação de pesquisa pela FLL®, com ênfase em processo investigativo e pesquisa científica.

Larissa Pablessa Vaz Chaves

Advogada, graduada em Direito pela Pontifícia Universidade Católica do Paraná (PUCPR) (2023). Pós-graduanda em Processo Civil pela Escola Paranaense de Direito.

Lennara Morena Gonçalves Silveira

Graduanda em Direito pela Pontifícia Universidade Católica do Paraná. Ex-integrante do Grupo de Estudos de Processo Civil da PUCPR. Estagiária do escritório Efing & Rocha Advogados Associados.